Elisabeth Raether

ZEIT MAGAZIN

WOCHENMARKT

— DAS BACKBUCH —

Süß und herzhaft genießen

riva

INHALT

VORWORT

So wie man nicht Hunde und Katzen mögen kann, kann man entweder kochen oder backen. Während es stimmt, dass ich mit Katzen nicht klarkomme und nicht verstehe, wie man mit ihnen klarkommen kann (warum gucken sie immer so herablassend?), behaupte ich über mich, dass ich sowohl kochen als auch backen kann. Das liegt wahrscheinlich daran, dass ich beides auf einem recht niedrigen Niveau mache, dafür allerdings gut gelaunt und sehr oft. Normalerweise will man bei Tätigkeiten, die man regelmäßig ausübt, eine Lernkurve erkennen können, aber ich brauche keine Lernkurve. Mir genügt es, dass mein Kuchen schmeckt, und ja, so ist es, alle meine Kuchen schmecken mir. Manche sind ein bisschen hübscher (Tarte mit Brombeeren und Rosmarin, Seite 75) als andere (Träubleskuchen, Seite 25); manche sind interessant gewürzt (Frühstückskuchen, Seite 41), andere auf unsubtile Weise unwiderstehlich (Bananenbrot mit Kakao, Seite 63). Aber alle sind sie großartig. Wohlweislich lasse ich mich gar nicht erst oder sehr selten ein auf allzu ehrgeizige Projekte wie Hefeteig, Cremetorten, Pralinen. Ein einfacher Trick, sich die Freude am Backen zu erhalten, und übrigens am Leben überhaupt. Ich bleibe beim Rührteig, den man zum Beispiel einfach mit Bourbon übergießen kann – großartige Idee. Oder ich backe eine einfache Obsttarte, ob mit Birnen, Aprikosen, Äpfeln. Ich habe eine Schwäche für Crumble und für Clafoutis. So gehört das Backen für mich dazu, ist Entspannung am Wochenende oder nächtliche Tätigkeit, wenn der Tag nervig war. Es duftet in meiner Wohnung nach Kuchen, ich kann, wann immer ich will, rohen Kuchenteig »probieren« (löffelweise essen), ich kann anderen Leuten Kuchen mitbringen, was für irre Freude und Dankbarkeit sorgt, weil es offenbar kaum jemand anderes macht.

Dieses Buch ist eine Einladung, mitzubacken. Es geht ganz einfach. Keine Angst.

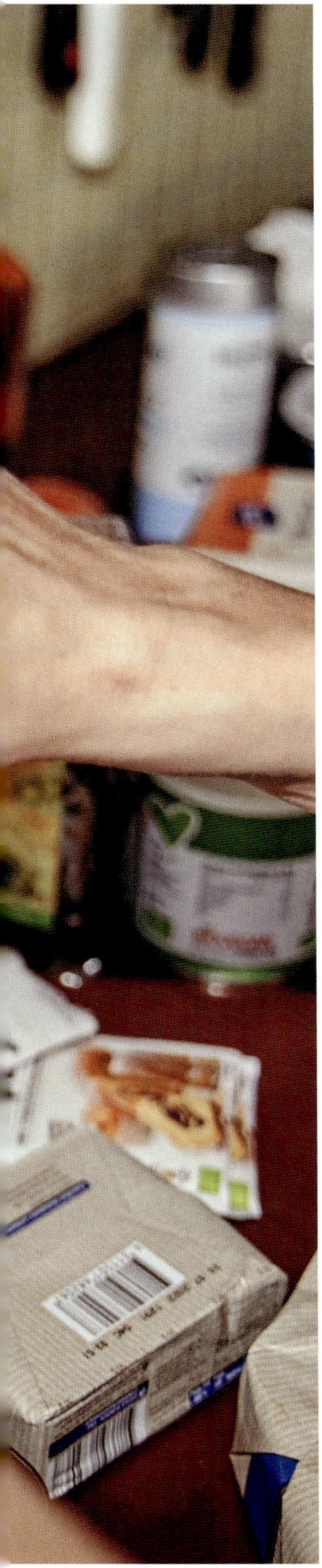

KUCHEN

Kuchen backen ist das Entspannteste, was man überhaupt tun kann

RICOTTAKUCHEN MIT HIMBEEREN

Zutaten für eine Springform mit 22 cm Ø
1 TL Sonnenblumenöl, 190 g Mehl (Typ 550), 180 g Zucker, 2 TL Backpulver, ¾ TL Salz, 3 Eier, 375 g Ricotta, Mark von 1 Vanilleschote, 120 g Butter, 150 g frische Himbeeren

Ein nicht besonders gut gehütetes Geheimnis aus meiner Küche: Ich kann nicht backen. Ich gebe die Schuld meiner Mutter, die eine hervorragende Köchin ist, aber selbst Dr.-Oetker-Kuchen immer vergeigt hat, sodass bei uns an geburtstäglichen Kaffeetafeln oft eisiges Schweigen herrschte. Meine Mutter wiederum gibt die Schuld dafür, dass sie nicht backen kann, ihrer eigenen Mutter, die nämlich sehr gut backen konnte und ihre Töchter mit ihrer Gewissenhaftigkeit und Geduld in den Wahnsinn trieb. Fazit: Man kann es als Mutter nur falsch machen. Ich habe dieses Rezept einem amerikanischen Kochmagazin entnommen, weil es so einfach ist, dass selbst ich es hinbekomme. Tatsächlich ist der Kuchen nicht besonders elegant, dafür aber sehr saftig, vielleicht sogar etwas »speckig«, wie meine Großmutter die Kuchen nannte, die ihr zu feucht gerieten. Aber gerade das gefällt mir, denn wenn man kein Talent hat, bleibt einem bekanntlich nichts anderes übrig, als das Misslingen einfach zur Absicht zu erklären.

Den Ofen auf 170 °C Umluft vorheizen. Eine Springform mit Backpapier auslegen: Dazu ein Stück Papier ausschneiden, das etwas größer ist als der Boden der Springform. Das Papier auf den Boden legen, den Springformring daraufsetzen und schließen. Backpapier und Ränder mit Sonnenblumenöl einfetten. Mehl, Zucker, Backpulver und Salz verrühren. Eier, Ricotta und Vanillemark in einer anderen Schüssel zu einer Masse vermengen. Die Mehl-Zucker-Mischung unterrühren. Butter bei schwacher Hitze zerlassen, zum Teig gießen und so lange rühren, bis sich eine homogene Masse ergibt. Dann drei Viertel der Himbeeren unterheben, Beeren dabei nicht zerdrücken. Den Teig in die Form geben, die restlichen Himbeeren darauf verteilen. 50 bis 60 Minuten lang backen, bis der Kuchen goldbraun ist. Kuchen vor dem Anschneiden 20 Minuten lang auskühlen lassen.

JOGHURTKUCHEN MIT HIMBEEREN

Zutaten für eine Tarteform mit 26 cm Ø
150 g Mehl, 1 guter TL Backpulver, 120 g Butter plus ein wenig mehr zum Einfetten der Form, 140 g Zucker, 3 Eier, Mark von ½ Vanilleschote, 200 g griechischer Joghurt (10 % Fett), 200 g Himbeeren, Puderzucker (nach Belieben)

In neu erwachter Liebe zu Frankreich verbringe ich gerade viel Zeit auf französischen Kochblogs. Es heißt ja immer, die Küche im Nachbarland sei kompliziert und etwas hochnäsig, das gilt aber nur für manche Restaurants. In Wirklichkeit sind die Franzosen in der Küche Minimalisten, einzige schlichte Regel: Es muss halt alles gut schmecken. Ich war bei einem Mittagessen eingeladen (es dauerte vier Stunden), bei dem der Gastgeber das prächtige Entrecôte einfach in den Kamin steckte. Dazu gab es Kartoffeln und Crème fraîche: perfekt. Beim Gespräch mit einem neunjährigen Jungen erfuhr ich, dass die Kinder in der Schule schon Koch- und Backunterricht haben. Man glaubt offenbar, das gehöre einfach zur Allgemeinbildung dazu. Der Junge sagte, er backe eine ganz hervorragende Zitronentarte, zu der er mich gern einmal einladen würde. Was sind das für tolle Nachbarn, die Franzosen! Wie kam Marine Le Pen überhaupt auf die Idee, dass sie in diesem Land eine Chance haben könnte? An die Zitronentarte traue ich mich nicht, aber der Junge empfahl mir einen anderen Kuchen, den wirklich jeder könne: einen Joghurtkuchen, *gâteau au yaourt*. Man kann ihn mit verschiedenen Früchten zubereiten, ich habe Himbeeren genommen. Er schmeckt warm, wenn er aus dem Ofen kommt, und an ansonsten gewöhnlichen Wochentagen eignet er sich sehr gut als Frühstück.

Den Backofen auf 180 °C Ober-/Unterhitze vorheizen. In einer Schüssel Mehl und Backpulver gut verrühren. Butter bei mittlerer Hitze langsam zerlassen und mit 100 g Zucker und Eiern in einer anderen Schüssel vermengen, Vanillemark dazugeben. Die Mehlmischung hineinstreuen und mit den Rührbesen des Handrührgeräts alles verrühren. Die Form buttern und den Teig hineingeben. Joghurt mit restlichem Zucker (40 g) vermengen und auf den Teig in der Form gießen (nicht mit dem Teig verrühren). Die Himbeeren gleichmäßig auf dem Kuchen verteilen und vorsichtig eindrücken. Kuchen in den Ofen schieben und 30 bis 40 Minuten lang backen. Eventuell mit Puderzucker bestäuben, wenn der Kuchen heiß aus dem Ofen kommt.

Erdbeeren im Kuchen

ERDBEERKUCHEN

Zutaten für eine Kastenform mit 26 cm Länge
75 g Butter (plus etwas mehr zum Fetten der Backform), 150 g Zucker, 2 Eier, 100 g Crème fraîche, 170 g Mehl, 1½ TL Backpulver, 200 g Erdbeeren, abgeriebene Schale von 1 Bio-Zitrone

Ich beginne mit einer potenziell geschäftsschädigenden Einschränkung: Für Erdbeeren braucht man kein Rezept. Beziehungsweise das beste Erdbeerrezept lautet: Kaufen Sie im Juni ein Körbchen (heimischer) Erdbeeren, und essen Sie sie im Gehen.

Aber ich verstehe schon, dass man auch mal was anderes will, zumal wenn man bereits einige Erdbeersommer erlebt hat. Und dann gibt es ja auch eine regelrechte Erdbeerflut, an jeder Ecke lachen sie einen an, sodass man morgens wie oben empfohlen mit den Früchten verfährt und abends trotzdem noch gut einen Erdbeerkuchen wie diesen backen kann. Es handelt sich um einen recht simplen Rührkuchen, er wurde von Testessern zunächst etwas abfällig als »nett« bezeichnet. Doch dann war der Kuchen so schnell verschwunden in den Bäuchen der Testesser, dass ich es für gerechtfertigt halte, das Rezept hier vorzustellen.

Backofen auf 180 °C Ober- und Unterhitze vorheizen. Die Kastenform mit etwas Butter einreiben, dann mit Backpapier auslegen. Restliche Butter bei sehr niedriger Hitze langsam zerlassen. Mit dem Zucker verrühren. Eier hineinrühren, dann die Crème fraîche. Mehl und Backpulver erst vermengen, dann in die Teigschüssel geben. Es entsteht ein recht dicker Teig. Die Erdbeeren je nach Größe vierteln oder halbieren, vorsichtig unterheben. Die Zitronenschale ebenfalls dem Teig hinzufügen.

Den Teig in die Backform geben, die Oberfläche glatt streichen. Den Kuchen im heißen Ofen 40 bis 45 Minuten backen. Nach 35 Minuten immer mal wieder prüfen, ob der Kuchen schon durchgebacken ist. Er schmeckt meiner Meinung nach besser, wenn er nicht voll und ganz durchgegart, sondern noch etwas feucht im Inneren ist.

SCHOKOLADENKUCHEN MIT HIMBEEREN

Zutaten für eine Springform mit 22 cm Ø
300 g dunkle Schokolade (70 % Kakaoanteil), 4 Eier, 1 Prise Salz, 130 g Puderzucker, 200 g Crème fraîche, 25 g Mehl, etwas Butter zum Einfetten der Form, ca. 150 g Himbeeren

Dies ist ein eleganter Schokoladenkuchen, auch *fondant au chocolat et aux framboises* genannt. Er enthält praktisch kein Mehl und ist nicht zu süß. Er eignet sich gut als Abschluss eines schönen Menüs. Aber sagen wir es, wie es ist: Es ist ein Kuchen. Natürlich ist er süß, natürlich hat er, von den paar Himbeeren abgesehen, ernährungsphysiologisch praktisch keinen Wert, und wer ihn am Ende eines Menüs isst, der kann zu Recht von sich behaupten, einen gesunden Appetit zu haben. (Im Gegensatz zu den Menschen, die das Prinzip Dessert nicht verstehen und jedes Mal aufs Neue entsetzt blicken, wenn es um die Dessertfrage geht: Jetzt noch was essen?! – Ja, jetzt, man nennt es Dessert.) Unser Fotograf hat es ganz richtig erkannt und den Kuchen als Wogen aus Schokolade abgebildet, und ich möchte eine dieser darin versinkenden Himbeeren sein.

Den Backofen auf 180 °C Umluft vorheizen. Für den Teig zunächst die Schokolade schmelzen. Das geht im Wasserbad so: Man bricht die Schokolade in Stücke und gibt sie in eine Edelstahlschüssel. Diese setzt man auf einen passenden Topf, in den man ungefähr 4 cm hoch Wasser gefüllt hat. Das Wasser erhitzen – es sollte nicht kochen, sondern nur so heiß sein, dass genügend Dampf entsteht. Während die Schokolade schmilzt, ab und zu vorsichtig umrühren. Die Eier trennen. Das Eiweiß und 1 Prise Salz zu Schnee schlagen. Eigelbe mit geschmolzener Schokolade, Puderzucker, Crème fraîche und Mehl verrühren. Den Eischnee unterheben. Den Boden der Springform mit Backpapier auslegen, den Rand mit Butter einfetten. Teig in die Form gießen. Himbeeren auf dem Teig verteilen und mit einem Löffel vorsichtig in den Teig drücken, sodass sie bedeckt sind. Den Kuchen im heißen Ofen ungefähr 25 Minuten lang backen. Am besten isst man den Kuchen erst, wenn er kalt ist (eine Frage der Selbstbeherrschung), eventuell reicht man ein paar frische Himbeeren dazu.

Schokoladentrost

SCHOKOLADENKUCHEN MIT KIRSCHEN

Zutaten für eine Springform mit 22 cm Ø
150 g Kirschen, 300 g dunkle Schokolade (70 % Kakaoanteil), 4 Eier, 1 Prise Salz, 130 g Puderzucker, 200 g Crème fraîche, 25 g Mehl, etwas Butter für die Form

Ich habe die vergangenen Wochen im 15-Grad-Tief damit verbracht, den Sommer zu simulieren. Eine Fähigkeit, die man hier in Hamburg erwirbt. Es ist etwas zwischen Sturheit und Hoffnung. Man sitzt im Wintermantel auf der Caféterrasse und trinkt bibbernd Aperol Spritz, obwohl einem nach Grog wäre. Man trägt Sandalen und hat nasse Füße. Und man kauft Berge von Aprikosen, Kirschen, Nektarinen, Brombeeren, Himbeeren und denkt, die Zähne zusammengebissen: Herrlich, der Sommer!
Ich habe den Kirschen etwas wärmende Schokolade hinzugefügt sowie etwas Zucker, der ja bekanntlich in fast jeder Lebenslage tröstende Wirkung hat. Das Ergebnis ist dieser Schokoladenkuchen. Mit Himbeeren habe ich dieses Rezept vergangenes Jahr auch ausprobiert, und ich glaube, mit Brombeeren funktioniert es auch. Oder sogar mit Nektarinen?
Am besten beginnt man mit dem Entsteinen der Kirschen, dann hat man es hinter sich. Es gibt Tricks, die ich an dieser Stelle schon beschrieben habe, zum Beispiel: Kirsche auf einen Flaschenhals legen und mit einem Zahnstocher den Kern rausdrücken. Man kann aber auch einfach ein Messer nehmen, die Kirschen halbieren, den Kern herauslösen, fertig. Eine Sauerei allerdings.
Den Backofen auf 180 °C Umluft vorheizen. Für den Teig die Schokolade schmelzen. Die Eier trennen. Das Salz zu dem Eiweiß geben und dieses mit den Quirlen des Handrührgeräts zu Eischnee schlagen. Eigelbe mit der geschmolzenen Schokolade, Puderzucker, Crème fraîche und Mehl verrühren. Eischnee unterheben. Springform mit Backpapier auslegen, die Ränder mit Butter fetten. Die Hälfte des Teigs in die Form geben, entsteinte Kirschen darauf verteilen, die andere Hälfte des Teigs darübergießen. Den Kuchen im heißen Ofen etwa 25 Minuten backen.

Auf Baiserwolke sieben

TRÄUBLESKUCHEN

Zutaten für eine Springform mit 24 cm Ø

Für den Teig:
140 g Butter, 100 g Zucker, 2 Eigelb, 250 g Mehl, 1 Prise Salz

Für die Füllung:
4 Eiweiß, 100 g Zucker, 100 g gemahlene Mandeln, 1 EL Stärke, 500 g Johannisbeeren

Ich habe den Test gemacht, ob dieser Kuchen auch außerhalb von Schwaben schmeckt, woher er stammt. Oder ob er wie ein marokkanischer Berberteppich ist, der außerhalb von Marokko nicht gut aussieht, obwohl man sich das auf dem Suq so schön vorgestellt hat. Der Test ergab: Ja, ein Träubleskuchen schmeckt auch in Norddeutschland. Er sieht nicht besonders hübsch aus mit seiner bräunlichen Oberfläche – man darf hier nicht die Schönheit einer französischen Tarte mit weißer Haube erwarten. Aber das Süßsaure-Baiserwolkenhafte habe ich hinbekommen, es ist köstlich. (Ich will allerdings nicht wissen, was meine schwäbische Großmutter über meinen Kuchen gesagt hätte, hätte sie das noch erleben können, aber von Großmüttern muss man sich in der Küche sowieso liebevoll emanzipieren.)

Den Ofen auf 170 °C Ober-/Unterhitze vorheizen. Den Boden der Springform mit Backpapier belegen und den Rand gut einfetten. In einer Schüssel die Zutaten für den Teig mischen und verkneten. Den Teig in der Springform verteilen und festdrücken, dabei einen Rand von ungefähr 4 cm formen. Für die Füllung das Eiweiß schaumig schlagen, Zucker dazugeben, dann das Eiweiß steif schlagen. Etwa ein Drittel des Eischnees beiseite stellen. Unter den Rest Mandeln, Stärke und Johannisbeeren heben, das Ganze auf dem Teigboden verteilen. Den übrigen Eischnee darauf verstreichen. Den Kuchen zunächst 10 Minuten lang im Ofen backen, dann ein Stück Alufolie darüberlegen und noch mal 50 Minuten lang backen.

BIRNENKUCHEN MIT KOKOS

Zutaten für eine Kastenform mit 26 cm Länge
120 g Zucker, 1 Prise Salz, 3 Eier, 180 g Butter (plus eine kleine Menge zum Einfetten der Form),
150 ml Kokosmilch, 200 g Mehl, 1½ TL Backpulver,
gemahlene Vanille oder Mark von 1 Vanilleschote, 2 Birnen

Große Frage: Was ist so schwer daran für Birnen, gut zu schmecken? Warum schmecken sie so giftig und sauer und hart, als verzehre man einen Strauß Tulpen? Kann sein, dass ich mich irre, aber früher war das doch anders. Früher waren Birnen doch diese schlonzigen, zuckersüßen Früchte mit wunderbarem Mandelaroma, die man beim besten Willen nicht essen konnte, ohne sich die Bluse einzusauen. Braucht man jetzt einen eigenen Garten, um dieses Vergnügen zu erleben? Sind solche Schweinereien aus dem öffentlichen Leben verbannt worden? Ist die Birne gezähmt worden? Aber hat sie erst mal ein paar Tage zu Hause im Obstkorb herumgelegen, wird sie doch weich, ein bisschen zu weich allerdings. Das geht recht schnell, morgens sagt man der steinharten Birne Auf Wiedersehen, kommt man abends nach Hause, liegt sie hingegossen da. In diesem überreifen Zustand kann man sie gut für einen Rührkuchen verwenden. Zucker und Butter helfen mit ihren unvergleichlichen Aromen aus, die Kokosmilch bringt Saftigkeit.

Zucker, Salz und Eier in einer Schüssel verrühren. Die Butter langsam in einem kleinen Topf zerlassen, dann hinzufügen. Kokosmilch dazugießen. Mehl, Backpulver und Vanille unterrühren, bis ein fester Teig entsteht. Birnen schälen, achteln und in kleine Stücke schneiden. Mit dem Teig vermengen. Kastenform mit Butter einfetten, Teig hineingeben. Bei 180 °C ungefähr 50 Minuten lang backen.

BIRNEN-SCHOKOLADEN-KUCHEN

Zutaten für eine Springform mit 24 cm Ø
200 g weiche Butter, 180 g Zucker, 4 Eier, 100 g dunkle Schokolade (mindestens 70 % Kakaoanteil), 100 g Haselnusskerne, 125 g Mehl, 1 gestrichener TL Backpulver, 5 reife Birnen

Birne und dunkle Schokolade, Romeo und Julia: zwei, die sich gefunden haben, eine echte Liebe, frei von Neid und Konkurrenz. Das innige Paar leidet ein bisschen darunter, dass erstens die Fantasie oft nicht weiter reicht als bis zur Birne Helene und dass zweitens diese Birne Helene gern aus den drei schlechtesten Zutaten der Welt, nämlich Dosenobst, Schokosoße aus der Plastikflasche und Sprühsahne, zubereitet wird. Hier also ein Vorschlag, was man stattdessen mit Birne und Schokolade machen kann: einen Kuchen. Das Obst versinkt in dem schokoladigen Teig und macht ihn noch saftiger, Sahne braucht man gar nicht.

Den Boden einer Springform mit Backpapier auslegen, den Rand mit Butter einfetten. Den Backofen auf 160 °C Umluft vorheizen. Für den Teig Butter und Zucker mit den Rührbesen des Handrührgeräts vermengen. Eier trennen und die Eigelbe in die Buttermischung rühren. Das Eiweiß steif schlagen. Schokolade mit dem Messer grob zerteilen, dann schmelzen: eine Glas- oder Metallschüssel auf einen Topf mit Wasser setzen, Wasser erhitzen, aber nicht kochen. Schokolade in der Schüssel über dem heißen Wasser langsam zergehen lassen. Haselnüsse in der Pfanne ohne Fett rösten, ohne dass sie anbrennen, dann mit dem Pürierstab fein zerkleinern. Mehl und Backpulver gut vermengen. Zur Butter-Eigelb-Mischung geben. Schokolade und zerkleinerte Haselnüsse ebenfalls unterrühren. Zum Schluss das Eiweiß vorsichtig unterheben. Teig hineingeben. Birnen schälen, von Stielen und unteren Enden befreien, halbieren, Gehäuse vorsichtig entfernen, sodass die Hälften nicht auseinanderbrechen. Dann die Birnenhälften längs in Scheiben schneiden und dabei so festhalten, dass sie in der Form bleiben (sie lassen sich dann leichter mit einer Kuchengabel essen). Birnen in den Teig setzen. Den Kuchen im heißen Backofen 40 Minuten lang backen.

GESTÜRZTER BIRNENKUCHEN

Zutaten für eine Springform mit 24 cm Ø

Für den Sud:
3 reife Birnen, 40 g brauner Zucker, 3 TL gemahlener Kardamom

Für den Teig:
4 Eier, 100 g brauner Zucker (plus 5 EL), 150 g Mehl, ½ Pck. Backpulver, 100 ml Milch, 2 EL Sonnenblumenöl, 60 g Butter (plus etwas mehr für die Form)

In den letzten beiden Dezemberwochen geht jedes Gefühl für Zeit und Kalorien verloren. Wie viele Kekse habe ich heute schon gegessen? Welcher Tag ist heute? Dienstag, Freitag, wer weiß das schon, ich jedenfalls nicht. Daher das Bedürfnis, im Januar zu fasten. Doch hier gibt es immer noch kein Diätessen. Ich habe nämlich diese Woche Geburtstag, und wie jedes Jahr zwinge ich die Menschen in meinem Umfeld, sich noch einmal aufzuraffen, zum Champagnerglas zu greifen und mit mir anzustoßen. Und wer mich liebt, tut so, als wäre das jetzt zusammen mit einem Stück Mehlbutterzucker genau das Richtige. Dieses Jahr gibt es einen gestürzten Birnenkuchen. Dafür werden zunächst die Birnen in einem Sud gegart.

Die Birnen waschen, schälen und vierteln, das Kerngehäuse entfernen. In einem Topf 500 ml Wasser, Zucker und Kardamom zum Kochen bringen. Den Topf vom Herd nehmen, die Birnen hineingeben und 15 Minuten lang ziehen lassen. Herausnehmen und beiseite stellen. Den Sud braucht man nicht mehr.

Den Backofen auf 180 °C Umluft vorheizen. Für den Teig, der recht flüssig ist, 3 Eier (das vierte ist für später) mit 100 g Zucker schaumig rühren. Dann Mehl, Backpulver, Milch und Öl hinzufügen. Den Boden einer Springform mit Backpapier auslegen, das Papier und den Rand der Form buttern, darauf 2 EL Zucker streuen. Die Form nun mit den Birnen auslegen, die man zuvor in Schnitze geschnitten hat. Die Birnen dürfen durchaus zwei Lagen bilden. Den Teig nun darübergießen.

Den Kuchen 20 Minuten im Ofen backen. In der Zwischenzeit lässt man 60 g Butter bei sehr niedriger Hitze zergehen, rührt das verbliebene Ei und 3 EL Zucker darunter. Diese Mischung über den halbgaren Kuchen gießen. Den Kuchen danach noch weitere 20 Minuten backen.

APFEL-WHISKEY-KUCHEN

Zutaten für eine Kastenform mit 26 cm Länge
2 Äpfel, 230 g Butter plus etwas mehr zum Einfetten der Form, 400 g Zucker, 4 Eier, 320 g Mehl, 2 TL Backpulver, ½ TL Salz, 120 ml Milch, 150 ml Bourbon-Whiskey

Neulich schrieb mir ein Leser, ich solle Kuchenrezepte mit dem Warnhinweis versehen, dass diese Art von Essen schädlich sei. Überflüssig, habe ich ihm geantwortet, die Leute seien selbst erwachsen. Aber beim nochmaligen Durchlesen obiger Zutatenliste musste ich wieder daran denken und bekam ein schlechtes Gewissen. Was, wenn die Leute glauben, ich esse so ein mit Hochprozentigem getränktes Zuckerdings täglich zum Frühstück, und es mir gleichtun? Also hier ein paar Hinweise zum Gebrauch: Butter und Zucker mögen zwar der einzige Trost im grauen deutschen Januar sein, sie sind aber keinesfalls ein Ersatz für eine abwechslungsreiche, ausgewogene Ernährung. Sie, liebe Leser, müssen schon auch mal Obst und Gemüse zwischendurch essen, und, nein, die beiden Äpfel in diesem Rezept reichen leider nicht. Whiskey entspannt und wärmt den Bauch, wird Ihre Probleme aber nicht lösen, auch wenn es momentweise den Anschein hat. Und Weißmehl ist natürlich auch nicht gerade gesund.

Den Backofen auf 160 °C Umluft vorheizen. Äpfel schälen und achteln, das Gehäuse entfernen. Die Schnitze mit dem Pürierstab zerkleinern und beiseite stellen. 180 g weiche Butter, in Würfel geschnitten, und 300 g Zucker in einer Schüssel mit den Fingern zu einer krümeligen Masse vermengen. Dann die Eier hineinrühren sowie das Apfelpüree. In eine andere Schüssel Mehl, Backpulver und Salz sieben, alles vermengen und zur Butter-Zucker-Mischung geben, und zwar in drei Schritten, zwischen denen man jeweils umrührt und erst die eine, dann die andere Hälfte der Milch hinzugießt. Die Kastenform mit Backpapier auslegen und mit etwas Butter einfetten. Den Teig hineingeben. Ungefähr 45 Minuten lang backen. Gegen Ende der Garzeit Bourbon, restliche Butter und restlichen Zucker in einem kleinen Topf aufkochen, bis Butter und Zucker sich aufgelöst haben. Kurz abkühlen lassen, über den Kuchen gießen. Vor dem Servieren nach Möglichkeit 1 Stunde ziehen lassen.

Äpfel in Form

APFELKUCHEN AUS DER NORMANDIE

Zutaten für eine Form mit 22 cm Ø

Für den Teig:
250 g Mehl, 30 g Puderzucker, 1 Prise Salz, 125 g weiche Butter, 1 Eigelb

Für den Belag:
250 g Crème fraîche, 4 Eier, 90 g Puderzucker (plus etwas mehr zum Garnieren),
½ TL gemahlener Zimt, 4 Äpfel (z. B. Boskop)

Zum Servieren:
etwas Puderzucker

Crème fraîche heißt auf Deutsch »festes Sauerrahmerzeugnis«, und deshalb sagen wir in Deutschland ebenfalls Crème fraîche. Diese wird für einen Apfelkuchen der normannischen Art benötigt. Die Crème fraîche aus der Normandie ist natürlich gar nicht zu vergleichen mit unserer, sie ist fetter und nicht weiß, sondern geht in Richtung Puddinggelb und schmeckt am besten zu Kaviar (habe ich gehört).

Aber ich bin ehrlich, auch mit festem deutschem Sauerrahmerzeugnis lässt sich dieser Apfelkuchen backen. Es würde mich wundern, wenn jemand, dem man diesen Kuchen womöglich noch etwas warm direkt aus dem Ofen serviert, aufsteht und sich mit den Worten verabschiedet: Ich esse normannischen Apfelkuchen grundsätzlich nur mit Crème fraîche d'Isigny. Probieren Sie es aus.

Für den Teig Mehl, Puderzucker und Salz in einer Schüssel vermengen, Butter hinzufügen und alles zu einer krümeligen Masse rühren. Eigelb und nach und nach 50 ml Wasser hinzufügen, eventuell braucht man etwas weniger. Zu einer Teigkugel kneten. Diese in Frischhaltefolie wickeln und 1 Stunde im Kühlschrank ruhen lassen.

Für den Belag Crème fraîche, Eier, Puderzucker, Zimt (wenn man will, noch ein bisschen Calvados, ungefähr 20 ml) vermengen. Die Äpfel schälen, vierteln, das Gehäuse entfernen. Die Viertel noch mal halbieren, dann die Schnitze in drei Stücke schneiden (in richtige, fast würfelartige, dicke Stücke, nicht in Schnitze).

Teig in die Form drücken, einen Rand stehen lassen. Mit der Gabel den Boden einige Male einstechen. Äpfel auf dem Teig verteilen. Die Creme darübergießen. Den Kuchen bei 190 °C Umluft 40 Minuten lang backen. Die Äpfel dürfen dabei ein bisschen braun werden. Zum Servieren mit etwas Puderzucker bestreuen.

KUCHEN MIT KARAMELLISIERTEN ÄPFELN

Zutaten für eine Backform (22 × 22 cm)
250 g Butter, 5 Eiweiß, 200 g Puderzucker, 80 g Mehl, 80 g gemahlene Mandeln,
1 TL flüssiger Honig, 3 große Äpfel (z. B. Boskop), 50 g Zucker

Nie hätte ich gedacht, ich könnte diese kleinen köstlichen Kuchen selbst backen, die in Frankreich *Financier* genannt werden. Das bekommt man nur hin, glaubte ich, wenn man eine französische Konditorei-Hochschule besucht hat. Ich habe in Paris leider nur eine Post-68er-Hochschule besucht, wo man im Prinzip zwischen den Studiengängen Feminismus, Poststrukturalismus und Globalisierungskritik wählen konnte. Von Kuchen war nicht die Rede. Meinen ersten *Financier* habe ich jetzt gebacken, und es stellt sich heraus: Das geht ganz leicht. Ein *Financier* ist eigentlich ein Rührkuchen, die Anleitung gibt's im Internet. Da fiel es mir wieder ein: Was die Franzosen neben Kuchen und Poststrukturalismus vor allem können, ist, ein Geheimnis zu machen aus allen Dingen.

Den Backofen auf 200 °C Ober- und Unterhitze vorheizen. 200 g Butter würfeln, in einem Topf bei niedriger Hitze zergehen lassen, bis sie sich etwas dunkler färbt (nicht anbrennen lassen). Lauwarm werden lassen. Eiweiß steif schlagen. Puderzucker, Mehl, Mandeln, Honig und die flüssige Butter in die Schüssel geben und alles zu einem recht flüssigen Teig verrühren. Die Äpfel schälen und in schmale Schnitze schneiden. Die restliche Butter mit dem Zucker in einer großen Pfanne erhitzen. 4 EL Wasser und dann die Äpfel hinzufügen. Etwa 10 Minuten lang unter Rühren garen, bis die Äpfel karamellisieren. Äpfel in die mit Backpapier ausgelegte Backform geben, den Teig darüber verteilen und den Kuchen ungefähr 30 Minuten im heißen Ofen backen. Nach 20 Minuten mit Backpapier bedecken, damit er nicht zu dunkel wird.

FRÜHSTÜCKSKUCHEN

Zutaten für 3 Personen
Butter zum Fetten der Form, 1–2 Äpfel (ca. 150 g), 1 Möhre (ca. 120 g), 30 g Kokosraspel , 40 g Rosinen, abgeriebene Schale von 1 Bio-Orange, 130 g Zucker, 150 ml neutrales Öl (z. B. Sonnenblumenöl), 2 Eier, 2–3 Kapseln Kardamom (fein zerstoßen) ½ TL gemahlener Ingwer, ½ TL gemahlener Zimt, ¾ TL Salz, 2 TL Backpulver, 160 g Mehl

Gut, mein Leben ist nicht das spannendste, aber für mich fühlt sich Kuchen zum Frühstück so aufregend und verboten an wie Joints rauchen. Einfach so INDUSTRIEZUCKER am Morgen, das sollte die Ampel-Regierung mal legalisieren. *You only live once.* Ich rühre ein paar Möhren, Äpfel und Rosinen in den Kuchen, damit mein Frühstückskuchen wenigstens ein bisschen wie Müsli schmeckt. Wobei Müsli wahrscheinlich gar nicht mehr als gesund gilt, so einfach ist das heute nicht mehr, Müsli enthält sicher zu wenig gesunde Bitterstoffe oder ist kein Basenbildner oder so. Aber das ist ja auch egal, da dieser Kuchen definitiv kein Müsli ist, sondern einfach ein Kuchen, der morgens, wenn es draußen dunkel ist und immer noch Januar, einfach sehr gut schmeckt zu einem schwarzen, heißen Kaffee.

Den Backofen auf 180 °C Ober-/Unterhitze vorheizen. Den Boden einer 20 × 20 cm großen Backform mit Backpapier auslegen und die Ränder fetten. Die Äpfel waschen, vierteln, entkernen und reiben. Möhren putzen, schälen und ebenfalls reiben. Beides zusammen mit Kokosraspeln, Rosinen, Orangenschale, Zucker, Öl und Eier in einer Rührschüssel vermengen. Dann gibt man die Gewürze, Salz, Backpulver hinzu und vermengt den Teig noch einmal. Zum Schluss wird das Mehl untergerührt.

Den Teig in die Form gießen. Den Kuchen im unteren Drittel in den heißen Ofen schieben und 30 bis 35 Minuten backen.

APRIKOSENKUCHEN (MARILLENFLECK)

Zutaten für eine Backform (20 × 30 cm)
750 g Aprikosen, 250 g weiche Butter, 250 g Zucker, 5 Eier, Mark von 1 Vanilleschote, abgeriebene Schale von 1 Bio-Zitrone, 250 g Mehl

Die Grille hat nach dem Sommer nichts zu essen, weil sie nur schön gezirpt hat, bei der Ameise ist die ganze Speisekammer voll. Sie gibt bekanntlich der Grille nichts davon ab, aber nicht nur das, sie verhöhnt die Grille sogar. Die Ameise hat recht, ist aber ein Arsch. Auch keine Lösung. Der Sommer bietet alles in Überfülle: Wärme, Licht, Obst, Gemüse, der Winter nur die Kargheit, mit diesem Wechsel muss man ja erst mal zurechtkommen. Können nicht alle so hart mit sich selbst sein wie die Ameise. Ich denke jedes Mal, wenn ich an diesen Obstbergen auf dem Markt und in den Supermärkten vorbeikomme, ich sollte mehr einwecken und Konfitüre kochen, den Sommer festhalten, denn im Winter wird er mir fehlen. Aber ich habe keine Lust. Ich backe dafür Kuchen, einen nach dem anderen, denn den Moment zu genießen, ist ja auch eine Art von Vorsorge für schlechte Zeiten. Diesmal gibt es Marillenfleck, zu Deutsch Aprikosenkuchen, einen Klassiker der österreichischen Küche, von dem unzählige Varianten in Umlauf sind. Diese hier ist meine *best practice*, abgeguckt von der Köchin Sarah Wiener. Sehr unkompliziert, ohne Streusel, ein einfacher Rührteig, der durch die darin versinkenden Aprikosen schön saftig wird.

Den Backofen auf 180 °C Ober- und Unterhitze vorheizen. Die Aprikosen waschen, halbieren und entsteinen. Butter und Zucker mit den Quirlen des Handrührgeräts gut vermengen, Eier hinzufügen, cremig rühren. Vanille und Zitronenabrieb dazugeben. Dann das Mehl in die Teigmischung sieben und glatt rühren. Die Form mit Backpapier auslegen, den Teig hineinfüllen. Die Aprikosen mit der Schnittfläche nach oben dicht an dicht auf den Teig legen, ein bisschen andrücken, aber sie versinken beim Backen von selbst im Teig. Den Kuchen im Ofen 45 Minuten backen.

Sommerkuchen mit Aprikosen

APRIKOSENKUCHEN

Zutaten für eine Backform (24 × 24 cm)
300 g + 1 EL Zucker, 1 EL abgeriebene Bio-Orangenschale, 4 Eier, 160 ml mildes Rapsöl, 180 g Crème fraîche, 120 ml Milch, ausgekratztes Mark von 1 Vanilleschote, 340 g Mehl, 1 TL Backpulver, 1 Prise Salz, Butter zum Fetten der Form, 10 Aprikosen (oder mehr je nach Geschmack)

Tapfer kämpft die kleine Gruppe der Aprikosen in diesem Kuchen gegen das Ungesunde an, das sie umschließt, ja zu erdrücken droht: Öl, Crème fraîche, weißes Mehl, jede Menge weißer Zucker. Die Aprikosen rufen: Wir enthalten Kalium, Kalzium, Karotin! Ihr dagegen leistet nichts, macht nur dick und dürft hier trotzdem tun und lassen, was ihr wollt, es ist so ungerecht. Das bisschen Orangenschale ist für die Sache der Aprikosen auch keine große Hilfe. Sollen die Aprikosen einfach aufgeben? Kann man den Kuchen auch ohne Obst machen?

Aber nein. Die Aprikosen sollten sich einfach damit abfinden, dass sich für ihren Kaliumgehalt niemand interessiert. Sie sollen hübsch auf dem Kuchen herumliegen und ein bisschen Saft und Süße abgeben und ein schönes Gefühl von Sommer verbreiten. Und vielleicht findet sich ja jemand, der statt zehn Aprikosen zwölf nimmt oder gar dreizehn.

Den Backofen auf 170 °C vorheizen. In einer Schüssel 300 g Zucker, Orangenschale und Eier mit den Rührbesen des Handrührgeräts ein paar Minuten vermengen, bis die Masse blassgelb ist. Rapsöl, Crème fraîche, Milch und Vanille hinzufügen. Gut verrühren. Mehl, Backpulver, Salz vermengen und hinzufügen.

Die Form mit Butter fetten, mit etwas Mehl bestäuben. Teig hineingeben. Die Aprikosen waschen, halbieren und entkernen, mit der Schnittfläche nach oben in gleichmäßigen Abständen auf den Teig setzen. Mit 1 EL Zucker bestreuen. Den Kuchen im heißen Ofen 45 Minuten backen.

Die Unfähigkeit zu backen

GETRÄNKTER ORANGENKUCHEN

Zutaten für eine Springform mit 26 cm Ø

Für den Teig:
4 Eier, 200 g Zucker, 250 g Butter, 100 g Weizengrieß, 80 g gemahlene Mandeln, 80 g Mehl, ½ TL Backpulver, 1 Bio-Orange

Für den Sirup:
100 g Zucker, abgeriebene Schale und Saft von 2 Bio-Orangen

Ich habe die kleine, aber eingeschworene Gemeinschaft, die die Leser meiner Kolumne bilden, bereits an meiner Unfähigkeit zu backen teilhaben lassen. Aber ich habe nicht aufgegeben und es immer wieder probiert, und inzwischen kann man sagen, dass ich ganz ordentliche Kuchen backe. Keine Torten und Macarons, aber Rührkuchen wie diesen hier. Dazu zwei Gedanken. Erstens: Wer kein Talent hat, kann das mit Fleiß kompensieren. Zweitens: Kuchen backen ist das Entspannteste, was man überhaupt tun kann. Alles schrecklich, aber Butter, Eier, Mehl und Zucker vereinen sich immer noch zu einem himmlischen Ganzen. Dieses Rezept stammt aus meinem Lieblingsrestaurant in Berlin, dem Schädels in der Oderberger Straße. Ich habe die Köchin nach dem Rezept gefragt, sie hat es auswendig auf einen Zettel gekritzelt. Ihr Kuchen war auch, gebe ich zu, ein ganz kleines bisschen besser als meiner.

Eier und Zucker gut verrühren. Butter bei schwacher Hitze langsam zerlassen und dazugießen. Weizengrieß (man kann auch Maisgrieß nehmen), gemahlene Mandeln, Mehl, Backpulver dazugeben und alles verrühren. Orangenschale fein reiben, dann den Saft aus der Frucht pressen, beides zum Teig geben. Backpapier auf den Boden einer Springform klemmen, das Papier und die Ränder der Form mit Butter fetten. Teig in die Form geben, bei 180 °C Ober- und Unterhitze 30 Minuten lang backen. Um den Sirup zu kochen, Zucker mit Saft und fein abgeriebener Schale von 2 Orangen aufkochen, bis der Zucker sich aufgelöst hat. Über den noch heißen Kuchen gießen und einziehen lassen.

MANDEL-ORANGEN-KUCHEN

Zutaten für eine Springform mit 22 cm Ø
2 große Bio-Orangen, 6 Eier, 250 g Puderzucker, 1 TL Backpulver, 250 g gemahlene Mandeln, etwas Butter und Mehl für die Form

Ich dachte, die Orange und ich, wir kennen uns. Wissen alles voneinander. Ich liebe sie, sie schmeckt großartig zu dunkler Schokolade, als frisches Obst mitten im Winter, als bittere Marmelade. Aber dass sie mich noch überraschen würde, hätte ich nicht gedacht. Nach so vielen Jahren Ehe lerne ich eine neue Facette kennen. Das ist the *power of love*. Was ich meine: Man kann Orangen im Ganzen in Wasser kochen, sie zerfallen nicht, sondern werden butterweich, dann püriert man sie, mit Schale und allem, und hat eine süß-bitter-saure Masse, eine perfekte Kuchenzutat. Und es macht außerdem irre Spaß, so eine ganze Orange zu zerkleinern. Das Rezept stammt von Claudia Roden, einer ägyptisch-britischen Kochbuchautorin, von der hier schon ein paarmal die Rede war. Sie ist inzwischen über 80 Jahre alt und weiß quasi alles über die Küchen des Mittelmeeres, von allen Seiten, Süden, Osten, Norden, Westen.

Die Orangen waschen, in einem Topf mit Wasser bedecken, bei geschlossenem Deckel 1½ Stunden köcheln lassen, bis man mit der Gabel problemlos in die Schale stechen kann. Orangen herausnehmen, halbieren, die Kerne entfernen, sollte es welche geben. Dann die ganzen Früchte inklusive Schale mit dem Pürierstab glatt pürieren. Das Kochwasser entsorgen. In einer Schüssel Eier mit Zucker vermengen. Backpulver und Mandeln hinzufügen und alles gut verrühren. Das Orangenpüree unterrühren. Da der Teig kein Mehl enthält, ist er vergleichsweise flüssig. Mit Backpapier den Boden einer Springform bedecken, Boden und Ränder der Form buttern und mit etwas Mehl bestäuben. Im Originalrezept heißt es, der Kuchen solle bei 190 °C Umluft ungefähr 1 Stunde backen. Dann wird meiner Erfahrung nach die Oberfläche zu dunkel. Ich würde also sagen, 175 °C Umluft genügen. Oder 190 °C und nur 45 Minuten Backzeit. Kurzum: Probieren Sie es aus. Der Kuchen schmeckt so oder so. Bevor man ihn aus der Form nimmt, lässt man ihn etwas abkühlen. Crème fraîche oder geschlagene Sahne passen gut dazu.

ZITRONEN-MOHN-KUCHEN

Zutaten für eine Kastenform mit 26 cm Länge

Für den Teig:
3 Eier, 225 g Zucker, 120 g Sahne, 75 g Butter plus ein wenig mehr zum Einfetten der Form, 10 g Mohnsamen, fein abgeriebene Schale von 3 Bio-Zitronen (ungefähr 1 EL), 170 g Mehl, 1 ¼ TL Backpulver, ¼ TL Salz

Für den Zuckerguss:
100 g Puderzucker, 2 EL Zitronensaft

Ich gehöre zu der Hälfte der Menschheit, die den britischen Koch Yotam Ottolenghi sehr schätzt und es nicht schlimm findet, dass seine Zutatenlisten so lang sind, und auch nicht meint, er sei überbewertet. Ich gehöre übrigens auch zu der Hälfte der Menschheit, die Hunde liebt und den Sinn von Katzen nicht versteht. Wozu legt man sich ein Haustier zu, von dem man nie weiß, ob es einen liebt oder verachtet? Dafür hat man doch schon die Menschen. Aber gut, anderes Thema. Will sagen: Ottolenghi ist ein Superstar, der den Stil des Kochens verändert hat – mehr Gewürze, weniger Fleisch –, aber er polarisiert. Entweder man findet ihn gut, oder man ist genervt. Jetzt hat er ein Kochbuch für Süßes geschrieben, zusammen mit einer Patissière namens Helen Goh. Es heißt *Sweet* (Dorling Kindersley Verlag). Die Rezepte sind sehr ottolenghihaft, zwar ohne Kreuzkümmel, dafür mit Kardamom, Granatapfel, Sesam, Anis, Safran. Dieser Zitronenkuchen ist vergleichsweise harmlos, aber köstlich, und das Ergebnis ist ein saftiger Rührkuchen, den man sehr gut zum Frühstück essen kann. Den Ofen auf 160 °C Umluft vorheizen. Die Kastenform mit Backpapier auslegen, mit etwas Butter einfetten. Für den Teig Eier und Zucker mit den Rührbesen des Handrührgeräts 2 Minuten lang vermengen, bis die Masse blass und schaumig ist. Sahne dazugießen und weitere 2 Minuten rühren. Butter bei sehr schwacher Hitze zergehen lassen, Mohnsamen und Zitronenschale unterrühren. Mehl, Backpulver und Salz sieben, zu der Eiermischung geben. Dann die Butter-Zitronen-Mischung unterrühren. Teig in die Kastenform füllen. Kuchen in den Ofen stellen und ungefähr 50 Minuten lang backen. Für den Zuckerguss Puderzucker und Zitronensaft vermengen. Gleichmäßig über den noch warmen Kuchen verteilen. Vor dem Servieren mindestens 30 Minuten lang stehen lassen.

CHEESECAKE MIT HEIDELBEEREN UND ORANGEN

Zutaten für eine Springform mit 28 cm Ø

Für den Boden:
250 g Haferkekse, 50 g Haselnusskerne, 150 g Butter

Für die Füllung:
1 Bio-Zitrone, 2 Bio-Orangen, 200 g Heidelbeeren, 500 g Frischkäse, 200 g Crème fraîche, 120 g Zucker, 1 Prise Salz, 1 Prise gemahlene Vanille, 200 g Sahne

Die meisten Kochbücher leiden darunter, dass sie zu professionell zusammengestellt wurden. Die Mischung ist perfekt, die Bilder sind es natürlich auch, aber das Lustprinzip, beim Essen doch eigentlich bestimmend, spielt kaum eine Rolle. Meist sind es nämlich Rezeptentwickler, die in einer Profiküche kühlen Kopfes die exakt richtige Balance gefunden haben. Für ihr Buch *Gastfreundschaft* hat die Fotografin Elissavet Patrikiou keine Rezepte entwickeln lassen, sondern mehr oder weniger willkürlich ausgewählte Leute getroffen und sie nach ihren Lieblingsrezepten gefragt. Das Kochbuch ist also ziemlich unsortiert. Dafür merkt man den befragten Leuten – darunter eine Marktfrau, ein Tätowierer, eine Friseurin und ein Restaurantbesitzer – ihren Gebärstolz an, den schließlich jeder Koch völlig unabhängig von seinem Talent kennt: Seht mal, habe ich gemacht, ist das nicht irre? Dieser Cheesecake wird nicht gebacken, vielmehr rührt man die volle Pracht ineinander, die ein deutsches Milchprodukte-Regal zu bieten hat, und hofft, dass die Mischung sich im Kühlschrank über Nacht auf wundersame Weise zu einer festen Masse vereinigt. Wird es nicht perfekt, ist es auch nicht so schlimm: Der Kuchen schmeckt sowieso.

Für den Boden Haferkekse zu Krümeln zerkleinern (in der Küchenmaschine oder, was wesentlich mehr Spaß macht, indem man die Kekse in einen Gefrierbeutel füllt und mit einem Nudelholz daraufhaut). Haselnüsse hacken und in der Pfanne ohne Fett rösten. Mit den Keksbröseln vermengen. Butter zerlassen und dazugießen. Zu einer Masse rühren und in der Springform verteilen, mit den Fingern festdrücken. Für die Füllung Zitrone und Orangen heiß waschen, abtrocknen. Die Schale der Zitrone und der Orangen dünn abschneiden und getrennt voneinander fein hacken, den Saft der Zitrone auspressen. Mit einem scharfen Messer die restliche Schale der Orangen dick bis ins Fruchtfleisch hinein abschneiden und die Filets aus den weißen Trennhäuten herauslösen. Heidelbeeren waschen und abtrocknen. Frischkäse, Crème fraîche, Zucker, Salz, Vanille, Zitronensaft und -schale vermengen. Sahne steif schlagen, zusammen mit den Orangenfilets und der Hälfte der Heidelbeeren unter die Masse heben. Die Füllung auf den Boden geben. Den Kuchen 24 Stunden lang in den Kühlschrank stellen. Dann die restlichen Heidelbeeren darauf verteilen sowie die Orangenschale.

BASKISCHER KÄSEKUCHEN

Zutaten für eine Springform mit 26 cm Ø
etwas Butter für die Form, 500 g Doppelrahm-Frischkäse (ungesalzen), 250 g Mascarpone, 200 g Zucker, 4 Eier, 350 g Sahne, 1 TL Salz, Mark von 1 Vanilleschote, 2 EL Zitronensaft, abgeriebene Schale von ½ Bio-Zitrone, 30 g Speisestärke

Früher gab es zwei Arten von Käsekuchen, eine war mit Rosinen, die andere ohne. Darüber stritt man dann: Wie kannst du bloß Käsekuchen mit Rosinen essen? Aber die Rosinen sind das Beste! Es waren wichtige Debatten, heftig geführt, jedoch übersichtlich wie der Kalte Krieg. Heute ist die Weltordnung des Käsekuchens eine multipolare. Es gibt amerikanischen Cheesecake, Matcha-Cheesecake, Käsekuchen als Eis, Käsekuchen, den man nicht backen muss. Ich trage zu dieser Unübersichtlichkeit bei und sage: baskischer Käsekuchen. Er ist ohne Rosinen, auch ohne Boden, ein fluffiges weißes Etwas, und er hat eine verbrannte Oberfläche, als sei er zu lange im Ofen gewesen. Aber es ist die volle Absicht. Wahrscheinlich ist so eine Kruste nicht besonders gesund, für die Gesundheit gibt es jedoch bestimmt schlimmere Dinge als ein Stück Käsekuchen, zumal er wohl auch nicht dafür gedacht ist, jeden Tag gegessen zu werden.

Eine Springform mit Backpapier auslegen. Dann zwei Streifen aus Backpapier zurechtschneiden, die etwa doppelt so breit sind, wie die Springform hoch ist. Die Streifen längs innen an den Rand der Form setzen: Das Ziel der Übung ist, dass die Form mit dem Papier höher wird, sodass der Kuchen aufgehen kann. Den Backofen auf 200 °C Ober- und Unterhitze vorheizen. Frischkäse, Mascarpone und Zucker 3 Minuten verrühren, dann ein Ei nach dem anderen hinzufügen und rühren, bis eine cremige Masse entstanden ist, das dauert ungefähr 5 Minuten. Nun Sahne, Salz, Vanillemark, Zitronensaft und -abrieb unterrühren. Die Stärke sieben und behutsam unterheben. Die Kuchenmasse in die Form füllen, den Kuchen ungefähr 1 Stunde backen, bis er aufgegangen und oben dunkelbraun ist. Käsekuchen in der Form auf Zimmertemperatur abkühlen lassen. Noch besser schmeckt er am nächsten Tag.

Ein Brot zum Naschen

BANANENBROT MIT KAKAO

Zutaten für eine Kastenform mit 22 cm Länge
5 sehr reife Bananen, 200 g Mehl, 60 g Kakaopulver (ungesüßt und schwach entölt), 1 TL Backpulver, 1 TL Salz, 100 g weiche Butter, 70 g weißer Zucker, 50 g brauner Zucker, Mark von ½ Vanilleschote, 1 Ei, 100 g Joghurt, 60 g Demerara-Zucker (oder gewöhnlicher Zucker)

Im deutsch-amerikanischen Verhältnis kriselt es, doch was die Bananenbrotfrage angeht, ist die transatlantische Welt noch in Ordnung. Denn hier kann Deutschland noch ohne Vorbehalt zu Amerika aufblicken. Wenn es ums Bananenbrot geht, haben die Amerikaner ihren Führungsanspruch nicht verwirkt. Sie sind für uns Deutsche der Orientierungspunkt, der Fixstern. Deutsches Bananenbrot schmeckt wie Brot mit Bananenaroma. Mit Glück trifft man auf eine traurige Walnuss. Amerikanisches Bananenbrot dagegen ist ein dicker, saftiger Kuchen, klebrig und süß und absolut unsubtil – genau wie man es sich erträumt. Dieses Rezept habe ich aus dem Buch der New Yorker Köchin Alison Roman mit dem Titel *Dining In*, das in den USA so erfolgreich ist, dass es ständig ausverkauft ist. Die übrigen Rezepte in dem Buch sind auffällig unamerikanisch und auffällig nahöstlich, aber was es wohl damit auf sich hat, können die Amerikaner ja unter sich klären.

Den Ofen auf 170 °C vorheizen. Die Bananen schälen und 4 davon mit einer Gabel zerdrücken. Mehl, Kakaopulver, Backpulver und Salz in einer Schüssel vermengen. In einer anderen Schüssel Butter, weißen und braunen Zucker (man kann auch nur weißen oder nur braunen Zucker nehmen) und Vanillemark mit den Rührbesen des Handrührgeräts verrühren, bis eine leichte Creme entstanden ist, das dauert 3 bis 5 Minuten. Das Ei hinzufügen und ungefähr 2 Minuten lang weiterrühren. Bei langsam laufendem Handrührgerät die trockenen Zutaten beifügen. Dann die zerdrückten Bananen dazugeben, schließlich den Joghurt. Die Kastenform buttern und mit einem Viertel des Demerara-Zuckers bestreuen. Demerara-Zucker gibt es in vielen Bio-Supermärkten, er besteht aus größeren Kristallen und wird so beim Backen noch knuspriger als gewöhnlicher Zucker (den man aber auch nehmen kann). Den Teig in die Form füllen. Die restliche Banane längs halbieren und beide Hälften auf den Teig legen, Schnittseite nach oben. Das Bananenbrot mit dem restlichen Zucker bestreuen und im heißen Ofen 90 bis 100 Minuten lang backen. Das Bananenbrot vor dem Aufschneiden abkühlen lassen.

SCHOKOLADENKUCHEN

Zutaten für eine Springform mit 23 cm Ø
1 ½ TL Instantkaffee, 250 g zimmerwarme Butter, 200 g dunkle Schokolade (70 % Kakaoanteil), 250 g Zucker, 2 Eier, 240 g Mehl, 2 gehäufte TL Backpulver, 30 g ungesüßtes Kakaopulver, 1 Prise Salz

Für die Vanillecreme als Begleitung:
375 g Sahne, 190 g Mascarpone, Mark von 1 Vanilleschote, 1 gestrichener TL gemahlener Zimt, 2 EL Puderzucker

Mancher hat nun das Kochen für sich entdeckt. Andere beginnen, das Kochen zu hassen. Wie auch immer, erst jetzt, da man so viel zu Hause ist, fällt einem auf, wie viel Zeit man mit Essen verbringt. Und wenn man gerade nicht isst, muss man darüber nachdenken, was man als Nächstes isst, einkaufen gehen und das Essen zubereiten und danach aufräumen, und dann geht es von vorne los. Wem die Pandemie nichts wirklich Schlimmes angetan hat, der wird diese Zeit als eine ewige Aneinanderreihung von Mahlzeiten in Erinnerung behalten. Ich habe neulich mit dem letzten Mehl, das ich noch hatte, einen Schokoladenkuchen gebacken und ihn einfach morgens, mittags und abends gegessen.

Das Rezept stammt aus Ottolenghis Kochbuch *Sweet*, doch keine Sorge, es ist wirklich gut zu meistern. Die einzige ungewöhnliche Zutat ist Instantkaffee. Ich habe mich gefragt, ob Yotam Ottolenghi, der Herr der extravaganten Zutaten, das vielleicht ironisch meint, aber, wie auch immer er es meint, es funktioniert.

Den Backofen auf 170 °C Ober- und Unterhitze vorheizen. Den Instantkaffee mit 350 ml kochendem Wasser übergießen. Butter würfeln, Schokolade in 2 cm große Stücke schneiden, beides in eine Schüssel geben. Den heißen Kaffee darübergießen. Umrühren, bis Butter und Schokolade geschmolzen sind. Zucker hineinrühren, bis er sich aufgelöst hat. Eier verquirlen und dazugeben. Mehl sieben, mit Back- und Kakaopulver sowie Salz vermengen. In die Butter-Schokoladen-Mischung geben. Gut verrühren. Nicht wundern, der Teig ist recht flüssig.

Springform buttern, Rand und Boden mit Backpapier auslegen. Teig hineingießen. Den Kuchen im heißen Ofen 1 Stunde backen.

Für die Mascarponecreme alle Zutaten mit den Quirlen des Handrührgeräts 1 bis 2 Minuten schlagen, bis die Masse steif wird.

EIN BESONDERER KAROTTENKUCHEN

Zutaten für eine Kastenform mit 26 cm Länge
3 Karotten (etwa 220 g), 100 ml Sonnenblumenöl plus etwas mehr zum Einfetten der Form, 200 g Mehl, 1 ½ TL Backpulver, 1 TL Salz, 1 TL gemahlener Zimt, ¼ TL gemahlene Muskatnuss, 90 g Apfelmus, 60 ml ungesüßte Mandelmilch, 2 TL fein geriebener Ingwer, 100 g weißer Zucker, 40 g brauner Zucker, ½ TL gemahlene Vanille, 2 TL Sesam, 1 EL Pinienkerne

Es leuchtet nicht sofort ein, warum man einen veganen Kuchen backen sollte, wenn man gar nicht vegan lebt. Zwar betonen ja die sich rein pflanzlich ernährenden Menschen, dass ihnen *überhaupt gar nichts* fehle und kein Mensch Milch zum Leben brauche, und das will ich ihnen auch gern glauben. Beim Backen allerdings erfüllen zum Beispiel Eier über den Geschmack hinaus eine zentrale Funktion als Binde- und Lockerungsmittel, sie fehlen also eben doch und brauchen Ersatz. Trotzdem hat es etwas, mal was Veganes zu backen. Zum einen ist es in der Küche immer gut, etwas auszuprobieren, und warum nicht mal mit der Beschränkung arbeiten statt wie sonst mit dem Überfluss? Zum anderen schmeckt das Ergebnis irgendwie – wie soll ich es ausdrücken? – erwachsen. So ein veganer Karottenkuchen ist nicht cremig und großzügig wie der amerikanische Carrot Cake, dafür aber würzig und süß – so besonders wie Schönheit auf den zweiten Blick. Allerdings, das Kind, das ich auch bin, isst dazu eine große Kugel Vanilleeis.

Ofen auf 160 °C Umluft vorheizen. Karotten putzen, schälen und fein reiben. Kastenform mit Backpapier auslegen und mit etwas Sonnenblumenöl einfetten (nicht zu viel, sonst trieft der fertige Kuchen). Mehl und Backpulver durchsieben und mit den Zutaten Salz, Zimt und Muskat in einer Schüssel gut vermengen. In einer größeren Schüssel die flüssigen Zutaten Öl, Apfelmus, Mandelmilch, Ingwer mit dem braunen und dem weißen Zucker und der Vanille vermengen. Die Mehlmischung unterrühren. Karotten hinzufügen. Den Teig in die Form gießen. Mit Sesam bestreuen. Im Ofen 75 bis 85 Minuten lang backen (mit einem Holzstäbchen Garprobe machen). Ungefähr 45 Minuten vor Ende der Garzeit Pinienkerne darüberstreuen.

REISKUCHEN AUS BOLOGNA (TORTA DI RISO)

Zutaten für eine Springform mit 26 cm Ø
1 l Milch, 200 g Zucker, abgeriebene Schale von 1 Bio-Zitrone, Mark von 1 Vanilleschote, 200 g Risottoreis, 5 Eier, 50 ml Orangenlikör, 100 g gemahlene Mandeln, etwas Butter und Grieß für die Form

Es soll ja Raucher geben, die behaupten, sie seien nicht abhängig, sondern rauchten aus Genuss. Daran muss ich manchmal denken, wenn ich meinen Zuckerkonsum reflektiere. Ich sage mir: Ich könnte jederzeit mit dem Zucker aufhören. Aber ich will nicht. Vor allem nicht im tiefsten Winter. Zuckersteuer, Aufklärungskampagnen über die Folgen des Zuckeressens, Lebensmittelampel, Schockbilder von dicken Bäuchen im Backregal des Supermarkts – nichts würde mich abhalten, diese Reistorte zu backen. Das Kuchenrezept stammt aus Bologna, im Prinzip handelt es sich um im Ofen gebackenen Milchreis, und für diese ebenso einfache wie überzeugende Idee bin ich den Bolognesern dankbar. In Bologna wird die *Torta di Riso* traditionell im Mai zu einer Himmelfahrt gegessen, um wessen Himmelfahrt genau es sich handelt, weiß ich nicht. Ich esse den Kuchen aus den oben beschriebenen profanen Gründen.

Milch zusammen mit Zucker, Zitronenabrieb und Vanille aufkochen, den Reis zufügen und al dente kochen. Reis abgedeckt auf Zimmertemperatur abkühlen und quellen lassen, bis die Milch komplett aufgesogen wurde.

Den Backofen auf 170 °C Ober- und Unterhitze vorheizen. Eier, Likör und Mandeln unterrühren. Boden einer Springform mit Backpapier auslegen, die Ränder einfetten und mit ein wenig Grieß bestreuen. Teig in die Springform füllen und den Kuchen 45 bis 55 Minuten backen.

SÜSSE FOCACCIA MIT TRAUBEN UND THYMIAN (SCHIACCIATA ALL'UVA)

Zutaten für 8 Personen

Für den Teig:
15 g frische Hefe, 1 TL Zucker, 500 g Mehl, 1 TL Olivenöl

Außerdem:
100 g Zucker, 8 EL Olivenöl (plus etwas mehr zum Fetten des Backblechs),
800 g kleine dunkle Trauben, 6 Zweige Thymian

Ich schleiche mich alle fünf Minuten in die Küche und hebe das Handtuch über der Rührschüssel an, um die Hefeteigkugel zu besichtigen, leise, zärtlich, ein bisschen bang, wie man ein schlafendes Baby ansieht und prüft, ob es noch atmet. Es würde mich nicht überraschen, wenn man mir sagte: Ein Hefeteig hat empfindliche Ohren, ein lautes Geräusch, und er sackt in sich zusammen. Aber all die Sorge wird belohnt, wenn der Teig dick und zufrieden in der Schüssel aufgegangen ist. Stolz blickt die Mutter auf ihr Kind. Für diese Focaccia, die man auch *Schiacciata all'uva* nennt, wird einem neutralen Teig etwas Zucker beigegeben. Das Ergebnis schmeckt süß und im Gegensatz zur üblichen Focaccia etwas knusprig. Ein richtiger Kuchen ist es aber nicht, ich würde sagen: perfekt fürs Frühstück, was aber vielleicht auch etwas deutsch gedacht ist.

Zuerst die Hefe auflösen. Dafür diese in einer großen Teigschüssel grob zerkrümeln. Von den 300 ml lauwarmem Wasser eine kleine Menge dazugeben. 1 TL Zucker hinzufügen, alles verrühren und einige Minuten so stehen lassen. Dann mit den Knethaken des Handrührgeräts das Mehl hineinrühren und nach und nach das restliche Wasser, bis ein glatter Teig entsteht. Auf einer bemehlten Arbeitsfläche noch mal mit den Händen kurz durchkneten. Eine Kugel formen, diese in eine Schüssel legen, mit Olivenöl bepinseln, die Schüssel mit einem feuchten Handtuch abdecken. Den Teig ungefähr 1 Stunde gehen lassen. Er sollte dann sein Volumen verdoppelt haben. Man rührt jetzt noch mal mit den Knethaken des Handrührgeräts 50 g Zucker und 4 EL Olivenöl unter, dann mit den Händen kurz durchkneten.

Den Backofen auf 170 °C Umluft vorheizen. Die Trauben von den Zweigen zupfen, waschen, trocknen und halbieren. Thymian waschen, abtrocknen und die Blättchen abstreifen. Ein Backblech mit Backpapier belegen, mit etwas Olivenöl einfetten. Den Teig in zwei Teile teilen. Einen Teil auf dem Backblech ausrollen. Die Hälfte der Trauben darauf verteilen, die Hälfte des übrigen Zuckers darüberstreuen, die Thymianblättchen und 2 EL Olivenöl darübergeben. Dann die andere Teigkugel ausrollen, wie einen Deckel auf den mit den Trauben bedeckten Teig legen. Die restlichen Trauben auf der Focaccia verteilen, den restlichen Zucker darüberstreuen, das restliche Olivenöl darüberträufeln. Schließlich die Focaccia im heißen Ofen 50 bis 60 Minuten backen.

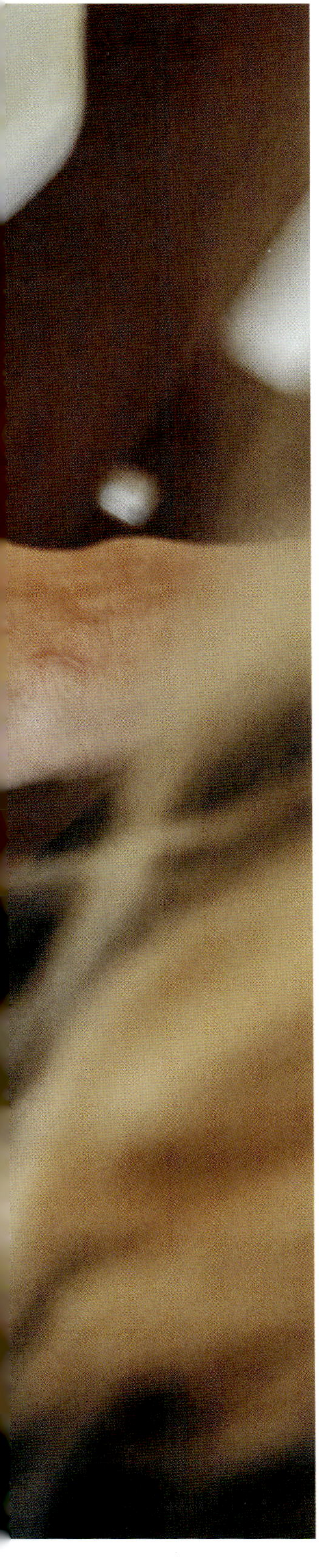

TARTE UND CLAFOUTIS

Tolle Nachbarn, diese Franzosen

TARTE MIT BROMBEEREN UND ROSMARIN

Zutaten für eine Springform mit 26 cm Ø

Für den Teig:
100 g weiche Butter, 80 g Zucker, 1 Ei, 200 g Mehl, 1 Prise Salz

Für den Belag:
75 g weiche Butter (plus etwas mehr für die Form), 75 g Zucker, 1 Ei, 75 g gemahlene Mandeln, 10 g Mehl, 1 TL fein gehackte Rosmarinnadeln (etwa 1 Zweig), 300 g Brombeeren

Der Sommer geht und schenkt zum Abschied Brombeeren. Ich kaufe alle, die ich im Supermarkt bekommen kann, will Marmelade damit kochen, aber dann esse ich sie doch alle einfach so auf, und zwar sofort. Neulich aber habe ich für einen Moment so viel Selbstbeherrschung geübt, dass ich die Zeit hatte, schnell ein altes Kuchenrezept herauszukramen, nämlich dieses hier für eine Tarte mit Mandelcreme. Ich habe genau diese Tarte schon mal mit Nektarinen und Aprikosen und mit Birnen zubereitet, jetzt aber eben mit Brombeeren. Ich gebe außerdem etwas Rosmarin dazu, sodass die Tarte ein ganz kleines bisschen nach Saunaaufguss schmeckt.

Für den Teig die Butter würfeln und in einer Schüssel mit dem Zucker verkneten. Ei unterrühren. Mehl und Salz in einer Schüssel vermengen und hinzufügen. Zu einem glatten Teig kneten, diesen zu einer Kugel formen, in Frischhaltefolie einwickeln und 30 Minuten in den Kühlschrank legen. Dann den Backofen auf 180 °C Ober-/Unterhitze vorheizen. Für den Belag Butter und Zucker verkneten. Ei, Mandeln und Mehl unterrühren. Die Rosmarinnadeln unter die Mischung mengen. (Natürlich kann man die Idee mit dem Rosmarin auch sein lassen, ganz schlicht schmeckt die Tarte auch sehr gut.) Den Boden der Springform mit Backpapier auslegen, den Rand buttern. Teig in die Form drücken, einen Rand stehen lassen. Mandelcreme auf den Teig streichen. Brombeeren waschen, trocken tupfen und darauf verteilen. (Die Creme geht beim Backen auf.) Die Tarte im heißen Ofen 30 bis 35 Minuten backen. Nach 15 Minuten Backpapier auf den Kuchen legen, damit er nicht zu braun wird.

ERDBEERKUCHEN (OHNE KUCHENFORM)

Zutaten für ca. 6 Stücke
100 g Mehl, 60 g Vollkornmehl, 2 TL + 50 g Zucker, ½ TL Salz, 100 g Butter, 100 g Crème fraîche, 350 g Erdbeeren, 2 TL Maisstärke, Mark von ½ Vanilleschote, abgeriebene Schale von 1 Bio-Zitrone, 1 Ei

Man könnte denken, einen Kuchen ohne Kuchenform zu backen, vereinfacht die Angelegenheit – tatsächlich ist es schwieriger, weil man ein bisschen basteln muss. Wer im Basteln so außergewöhnlich unbegabt ist wie ich, erkennt darin schon eine Herausforderung. Warum also dennoch die Kuchenform weglassen? Der Teig wird am Rand einmal umgeschlagen wie eine zu lange Hose, wodurch er logischerweise doppelt liegt. Wenn man also an Obsttartes vor allem den Teig und weniger das Obst mag, ist dieser Kuchen genau das Richtige. In amerikanischen Kochbüchern wird er Galette genannt, was wiederum das französische Wort für einen dünnen bretonischen Pfannkuchen aus Buchweizenmehl ist. Wie dieser Falsche Freund entstanden ist, kann ich nicht sagen, aber ich ahne, dass es Sie, lieber Leser, ebenso wenig interessiert wie mich. Ein Wort noch zum Mürbeteig: Er enthält etwas Vollkornmehl, nicht, weil ich behaupten will, der Kuchen werde so etwas gesünder (wird er nicht), sondern weil Vollkornmehl tatsächlich sehr gut schmeckt, nämlich leicht nussig.

Die beiden Mehlsorten, 2 TL Zucker und Salz vermengen. Butter mit den Fingern hineinkneten, sodass eine krümelige Masse entsteht. Dann Crème fraîche dazugeben und alles zu einem Teig kneten. Wenn er zu klebrig ist, eventuell noch etwas Mehl hinzufügen. Teig kreisrund etwa ½ cm dick auf einem Stück Backpapier ausrollen. Wiederum mit Backpapier bedecken und 30 Minuten in den Kühlschrank stellen. In der Zwischenzeit Erdbeeren waschen, entkelchen, vierteln, in einer Schüssel mit restlichem Zucker (50 g), Stärke, Vanille und Zitronenschale vermengen. Den Backofen auf 200 °C vorheizen. Den Teigkreis samt dem Backpapier, auf dem er liegt, auf ein Backblech legen. Erdbeermischung auf dem ausgerollten Teig verteilen, dabei einen Rand von 3 bis 4 cm frei lassen. Den Teigrand über den Erdbeeren einklappen. Das Ei in eine Tasse aufschlagen, verquirlen und den Teigrand dann damit einpinseln. Den Kuchen 30 bis 40 Minuten lang backen. Anschließend mindestens 10 Minuten abkühlen lassen. Mit einem Löffel Crème fraîche getoppt servieren.

CLAFOUTIS MIT ERDBEEREN, RHABARBER UND OLIVENÖL

Zutaten für 4–6 Personen
300 g Erdbeeren, 450 g Rhabarber, 140 g Zucker, 6 Eier, 1 Prise Salz, 100 g Mehl, 400 g Sahne, 80 ml Olivenöl (von sehr guter Qualität)

Ich habe in die Zutatenliste »sehr gutes Olivenöl« geschrieben, woraus Sie schließen müssen, dass es für mich nicht selbstverständlich ist, »sehr gutes Olivenöl« zu verwenden. Mal nehme ich »gutes Olivenöl«, mal einfach »Olivenöl«. Ich fände es auch besser, wenn alles, was mich umgibt, absolut höchsten Qualitätsstandards entspräche. Ich selbst bin schließlich auch von höchster Qualität. Ich habe mich mit Olivenöltests befasst, aber dann musste ich mich in die ganze Kaffeeproblematik einlesen. Und dann eröffneten viele Bäckereien in Berlin, und plötzlich ging es um Sauerteig. Ich habe also die Olivenölfrage zwischendurch vernachlässigt und im Biomarkt dasjenige Öl gekauft, das das schönste Etikett hat. Ich sollte vielleicht die Zutatenliste korrigieren: Nehmen Sie für dieses Rezept einfach ein Olivenöl, das so gut ist, wie es eben gerade geht, und dann freuen Sie sich über den Gruß aus Südfrankreich, wo man festgestellt hat, dass Olivenöl und Sahne eine himmlische Kombination ergeben – wie in diesem Clafoutis, einer Mischung aus Auflauf und Kuchen.

Die Erdbeeren waschen, trocknen, halbieren. Den Rhabarber schälen und in 4 cm lange Stücke schneiden. Beides in einer Auflaufform mit der Hälfte des Zuckers bestreuen, vorsichtig vermengen. In der Zwischenzeit den Ofen auf 180 °C Ober- und Unterhitze vorheizen. Eier und restlichen Zucker mit den Rührbesen des Handrührgeräts schaumig schlagen, Salz hinzufügen, das Mehl unter Rühren nach und nach dazugeben. Sahne und Olivenöl dazugießen. Den flüssigen Teig über die Erdbeeren und den Rhabarber in der Auflaufform gießen und das Clafoutis etwa 45 Minuten lang backen.

RHABARBER-ERDBEER-TARTE

Zutaten für eine Tarteform mit 28 cm Ø

Für den Teig:
250 g Mehl, 70 g Zucker, 1 Prise Salz, 125 g Butter plus etwas mehr zum Einfetten der Form, 1 Ei, 1 TL Crème fraîche

Für den Belag:
500 g Rhabarber, 20 g Butter, 150 g Zucker, 200 g Erdbeeren, 150 g Crème fraîche, 1 TL Speisestärke, 6 TL Milch oder Sahne

Wenn das Wetter sich wieder einmal frühlingshaft verhält, spürt man am eigenen Leib, dass es doch eine entscheidende Rolle für die Menschen spielt und man es sich mit ihm besser nicht durch exzessive CO_2-Emissionen verscherzen sollte. In meinen dicksten Wintermantel gehüllt, habe ich also auf dem Wochenmarkt Erdbeeren und Rhabarber gekauft, um damit eine Tarte zu backen. Man kocht den Rhabarber erst zu einem Kompott, das so gut schmeckt, dass ich mich zurückhalten musste, es nicht sofort aufzuessen, sondern auf dem Teig zu verteilen – wenn das Kompott nicht so eine seltsame Schlabberkonsistenz hätte, könnte es als eigenes Dessert taugen.

Für den Teig Mehl, Zucker und Salz in einer Schüssel vermengen. Die Butter in Würfel schneiden und mit den Händen hineinkneten, sodass ein krümeliger Teig entsteht. Das Ei hineinschlagen, Crème fraîche dazugeben und alles mit den Händen zu einer glatten Masse kneten. Den Teig auf Backpapier ausrollen, mit einem Stück Backpapier abdecken und 1 Stunde kühl stellen. Den Backofen auf 180 °C vorheizen. Die Tarteform buttern, den Teig hineingeben und mit einer Gabel häufig einstechen. Für den Belag die trockenen Enden der Rhabarberstangen abschneiden, die Stangen schälen und in ungefähr 6 cm lange Stücke schneiden. Diese zusammen mit Butter und Zucker aufkochen, dann bei schwacher Hitze weiterköcheln lassen, bis der Rhabarber weich ist; meist zerfällt er. Den Topf vom Herd nehmen. Erdbeeren waschen, entkelchen, vierteln oder achteln, wenn sie sehr groß sind, und in das Rhabarberkompott rühren, ebenso die Crème fraîche. Speisestärke mit etwas Milch oder Sahne (oder Wasser) gründlich verrühren, bis sie sich ganz aufgelöst hat. Unter die Fruchtmischung rühren. Dann den Belag auf den Teig in der Form geben und die Tarte im heißen Ofen 40 Minuten backen. Vor dem Servieren abkühlen lassen.

Tarte zum Geburtstag

RHABARBERTARTE MIT BAISER

Zutaten für eine Springform mit 26 cm Ø

Für den Teig:
125 g Butter, plus etwas mehr für die Form, 250 g Mehl, 2 Eier, 60 g Puderzucker, 1 Prise Salz

Für den Belag:
1 kg Rhabarber, 100 g Zucker, 2 Eiweiß, 80 g Puderzucker

Am 20. April 2011 erschien die allererste »Wochenmarkt«-Kolumne. Ich hatte sie allerdings nicht selbst geschrieben, sondern ein Kollege, der eine Patissière in ihrem Restaurant besuchte, wo sie eine herrliche Rhabarbertarte für ihn backten. Das Konzept der Kolumne war damals, dass sich verschiedene Autoren abwechselten, aber ich war die Jüngste, weshalb die Arbeit meistens an mir hängen blieb. Rezepte sind, falls Sie das nicht schon wissen, in der journalistischen Nahrungskette eher unten angesiedelt. Irgendwann war es einfacher, die Texte gleich selbst zu schreiben. Die Kolumne und ich wurden beste Freunde, sind heute unzertrennlich. Zum Geburtstag essen wir Rhabarbertarte.

Für den Teig die Butter würfeln und mit dem Mehl verkneten, sodass eine krümelige Masse entsteht. Die Eier hineingeben, weiterkneten. Zucker und Salz hinzufügen, alles zu einer glatten Teigkugel formen. In Frischhaltefolie wickeln, ungefähr 1 Stunde im Kühlschrank ruhen lassen. Für den Belag den Rhabarber schälen, in etwa 2 cm große Stücke schneiden. In eine Schüssel geben, Zucker hinzufügen und 1 Stunde lang ziehen lassen. Dann in einen Topf geben und bei kleiner Hitze 20 Minuten zu Kompott köcheln lassen. Das Eiweiß steif schlagen, nach und nach vorsichtig den Puderzucker hinzufügen. Den Boden der Springform mit Backpapier auslegen, die Ränder buttern. Den Tarteboden entweder ausrollen und in die Form legen oder mit den Fingern in die Form drücken. Mit einer Gabel mehrmals einstechen, sodass der Teig sich nicht wölbt beim Backen. In den auf 180 °C Umluft vorgeheizten Ofen stellen und 10 Minuten blindbacken. Rhabarberkompott auf den vorgegarten Tarteboden geben, obendrauf den Eischnee. Die Temperatur des Ofens auf 150 °C herunterschalten und die Tarte weitere 25 Minuten backen.

CLAFOUTIS MIT KIRSCHEN

Zutaten für eine Spring- oder Auflaufform mit 22–24 cm Ø
500 g Kirschen, 120 g Zucker, 3 Eier, 100 g Mehl, etwas Salz, Mark von ½ Vanilleschote, 60 g zerlassene Butter, 300 ml Milch

Als dieses Rezept in der Redaktionskonferenz angekündigt wurde, waren sich einige Kollegen sofort sicher, dass ich hier schon mal einen Kirschkuchen vorgestellt hatte. Jetzt ist es so weit, dachte ich, ich wiederhole mich. Nach fünf Jahren Kolumne, das ging schnell. Doch es war nur eine Schrecksekunde. Denn, liebe Kollegen, ich führe Buch über alles, was hier erscheint, und konnte sofort nachsehen: kein Kirschkuchen. Ihr habt euch also getäuscht, auch wenn ein Kirschkuchen so schlicht und wundervoll ist, dass man sich tatsächlich fragt: Warum erst jetzt?
Dieser Kuchen ist streng genommen ein Clafoutis, das heißt, der Teig ist ähnlich flüssig wie ein Pfannkuchenteig. Im Limousin, einer menschenleeren, schönen Gegend in der Mitte Frankreichs, scheint es Gesetz zu sein, dass in so einem Clafoutis die Kerne in den Kirschen verbleiben, denn sie geben dem Ganzen wohl eine interessante Bitternote. Aber zu den Dingen, die ich in den vergangenen Jahren über das Kochen gelernt habe, gehört eine gewisse Ignoranz der Tradition gegenüber. Hielte ich mich an alle Regeln, die Großmütter im Limousin oder in der Toskana oder in Indien jemals aufgestellt haben, ich käme nicht mehr zum Kochen. Also, die Kerne kommen raus. Das ist nicht so leicht, Folgendes schlägt das Internet vor: Stiel entfernen, Kirsche mit dem Stielausgang nach oben auf einen Flaschenhals setzen, mit einem Schaschlikspieß durch die Frucht stechen, sodass der Kern in die Flasche fällt. Seltsam, aber funktioniert.
Entsteinte Kirschen mit der Hälfte des Zuckers vermengen und 30 Minuten ziehen lassen. Eier und restlichen Zucker mit dem Schneebesen verrühren. Mehl, Salz und Vanillemark unterrühren, bis der Teig glatt wird. Zerlassene Butter (wenn sie abgekühlt ist) und Milch in den Teig gießen. Boden und Rand der Form buttern, mit Mehl bestäuben. Kirschen gleichmäßig verteilen, Teig darübergießen. Bei 180 °C Umluft 40 Minuten lang backen.

BIRNENTARTE

Zutaten für eine Springform mit 26 cm Ø

Für den Mürbeteig:
100 g weiche Butter, 80 g Zucker, 1 Ei, 200 g Mehl, 1 Prise Salz

Für den Belag:
75 g weiche Butter, 75 g Zucker, 1 Ei, 75 g gemahlene Mandeln, 10 g Mehl, 3 reife große Birnen, 2 EL Mandelblättchen

Der Obstanteil ist in dieser Obsttarte minimal. Die Früchte bilden den Hintergrund, vor dem Zucker, Butter und Mehl ihr unwiderstehliches Aroma entfalten. Ich habe den Kuchen letzte Woche dreimal gebacken, weil er so gut schmeckt, mal mit Birnen, mal mit Äpfeln, beides super. Große Stücke vom Kuchenteig habe ich – zu einer Tasse Kaffee – roh gegessen. Man bekommt davon ein bisschen Bauchschmerzen, aber das macht mir nichts aus. Erfüllte Liebe gibt's nicht umsonst.

Die Zubereitung ist einfach, aber das Rezept lang, weil ich jeden Schritt so ausführlich beschreibe, als hätten Sie noch nie einen Kuchen gebacken. Die weiche Butter mit der Hand in den Zucker kneten. Ei unterrühren. Die Mischung soll in Konsistenz und Farbe an Rührei erinnern. Mehl und Salz in einer Schüssel vermengen, in der Mitte eine Mulde formen. Zucker-Butter-Masse hineingeben und in das Mehl kneten, bis ein glatter Teig entsteht. Teig auf einem Stück Backpapier zu einem Kreis ausrollen, der einen Durchmesser von ungefähr 30 cm hat. Ein weiteres Stück Backpapier auf den Teig legen, das Ganze in den Kühlschrank geben, 1 Stunde dort lassen. Für den Belag Butter und Zucker verkneten (wie in Schritt 1 für den Teig). Ei, Mandeln und Mehl unterrühren. Die Springform vorbereiten: den Boden mit Backpapier bedecken, indem man es zwischen Rand und Boden klemmt, Ränder und Boden mit wenig Butter einfetten. Teig in die Form drücken, der Rand sollte etwa 3 cm hoch sein. Mandelcreme auf den Teig streichen (sie verdreifacht beim Backen ihr Volumen). Birnen schälen, der Länge nach halbieren, Kerngehäuse entfernen. Birnenhälften quer in dünne Scheiben schneiden, die Scheibchen nicht auseinanderfallen lassen. Birnen mit der Schnittfläche nach unten auf den Teig setzen – kreisförmig angeordnet oder nach einem Muster Ihrer Wahl. Man muss die Birnen nicht in Scheiben schneiden, aber so lässt sich der Kuchen besser essen und sieht aus, als stammte er aus einer Patisserie. Mandelblättchen auf den Kuchen streuen. Bei 180 °C Ober- und Unterhitze 30 bis 35 Minuten lang backen. Nach 15 Minuten ein Stück Backpapier auf die Form legen, damit der Kuchen nicht zu braun wird.

VEGANE BIRNEN-SCHOKO-TARTE

Zutaten für eine Springform mit 25 cm Ø

Für den Teig:
260 g Mehl, 130 g weißes Mandelmus, 40 g Zucker, 1 Prise Salz

Für den Belag:
100 g weißes Mandelmus, 75 g Zucker, 120 g gemahlene Mandeln, 1 TL Mehl, ein wenig Salz, 2 TL gemahlene Vanille oder Mark von 1 Vanilleschote, 80 g dunkle Schokolade, 4 große reife Birnen, etwas Sonnenblumenöl zum Einfetten der Form

Anfang des Jahres sehe ich um mich herum die guten Vorsätze sterben. Nichts für ungut, aber das scheint mir der richtige Moment, hier einen veganen Kuchen vorzuschlagen. Keine Sorge, er schmeckt sehr gut. Und außerdem ist dieser Kuchen gar nicht so gesund, denn als Kuchen, der er nun mal ist, enthält er recht viel Zucker. Das Rezept will also nur ganz sanft daran erinnern, was man vielleicht besser machen will: ein bisschen gesünder leben, zumindest manchmal den Planeten schonen, aber dabei nicht auf alles Süße verzichten.

Für den Teig Mehl, Mandelmus, Zucker und 1 Prise Salz in eine Schüssel geben und mit den Händen verkneten, sodass eine krümelige Masse entsteht. Dann etwa 2 EL Wasser dazugeben und das Ganze glatt kneten – erstaunlicherweise schmeckt dieser Teig so gut wie gewöhnlicher roher Kuchenteig, und das sage ich als Fachjournalistin für rohen Kuchenteig. Falls der Teig zu trocken erscheint, esslöffelweise mehr Wasser dazugeben. Zu einer Kugel kneten, in Frischhaltefolie einwickeln und 30 Minuten lang im Kühlschrank ruhen lassen. Dann schon mal den Ofen auf 180 °C Umluft vorheizen. Für den Belag Mandelmus, Zucker, gemahlene Mandeln, Mehl, Salz und Vanille verrühren. Die Schokolade schmelzen und dazugeben. Teig aus dem Kühlschrank nehmen. Den Boden der Springform mit Backpapier auslegen, die Ränder mit etwas Sonnenblumenöl einfetten. Teig hineindrücken, einen 1,5 cm hohen Rand formen. Die Mandel-Schokoladen-Mischung gleichmäßig darauf verteilen. Jetzt die Birnen vorbereiten: schälen, längs in Hälften schneiden und das Gehäuse vorsichtig entfernen, ohne dass die Birnenhälfte auseinanderbricht. Mit der Schnittfläche nach unten auf ein Schneidbrett legen, längs in dünne Streifen schneiden. Birnen auf den Belag setzen, dabei am besten kreisförmig anordnen, mit der dünnen Spitze in die Mitte zeigend. Tarte im heißen Ofen 40 Minuten lang backen.

APFELTARTE MIT HAUBE

Zutaten für eine Tarte- oder Springform mit 24 cm Ø

Für den Teig:
50 g gemahlene Mandeln, 200 g Mehl, 1 Prise Salz, 100 g weiche Butter, 1 Ei, 100 g Zucker

Für den Belag:
3–4 Äpfel (Holsteiner Cox oder eine andere saure Sorte), 2 Eier, 100 g Zucker, 200 g Crème fraîche, ¼ TL gemahlene Vanille, 60 g gemahlene Mandeln, 4 Eiweiß, 40 g Puderzucker

Nennen Sie mich schlicht, aber ist es nicht faszinierend, dass man Eiweiß zu Eischnee schlagen kann? Natürlich ist es einfach ein Proteinnetzwerk, dessen Zustandekommen, chemisch gesehen, überhaupt nichts Geheimnisvolles hat. Die im Eiweiß enthaltenen Proteinfäden können bei Luftzufuhr offenbar gar nicht anders, als sich zu diesem reinweißen, glänzenden Etwas zusammenzutun. Man muss auch nicht mehr bis zur Erschöpfung rühren, um Eischnee herzustellen, zumindest nicht, wenn man sich ein Rührgerät angeschafft hat. Trotzdem, man soll sich ja an den kleinen Wundern freuen. Aus Glibber Wolken machen – wenn das mal kein schönes Lebensmotto ist. Die Wolke schwebt bei diesem Rezept auf einer einfachen Apfeltarte.

Für den Teig werden Mehl, gemahlene Mandeln und Salz in eine große Schüssel gegeben. Die Butter in Würfeln hineinschneiden, mit der Hand zu einem krümeligen Teig kneten. In einer anderen Schüssel das Ei mit dem Zucker vermengen. Die Mischung zum Mehl geben. Zu einem glatten Teig kneten, in Folie wickeln und für 1 Stunde in den Kühlschrank geben. Den Backofen auf 170 °C Umluft vorheizen. Die Tarte- oder Springform mit Backpapier auslegen. Den Teig mit den Fingern in die Form drücken und mit einer Gabel mehrmals einstechen. Für den Belag Äpfel schälen, entkernen, in Viertel schneiden, die Viertel in dünne Schnitze zerteilen, die man kreisförmig auf dem Teig anordnet. Eier und Zucker vermengen, Crème fraîche, Vanille und gemahlene Mandeln dazugeben. Die Mischung auf die Äpfel gießen. Die Tarte in den Ofen schieben. Das Eiweiß zu Schnee schlagen, Puderzucker vorsichtig unterheben und weiterrühren. Nachdem die Tarte 20 Minuten lang gebacken hat, den Eischnee darauf verteilen. In weiteren 10 Minuten fertig backen.

APFELKUCHEN AUS DER PFANNE

Zutaten für eine Pfanne mit 26 cm Ø

Für den Teig:
3 Eier, 200 g Puderzucker, 75 g Mehl, Mark von 1 Vanilleschote, 100 ml Milch (3,5 % Fett)

Für den Belag:
3 große Äpfel (z. B. Boskop), 30 g Butter, 50 g Puderzucker, 2 EL Whiskey

Sonst sind französische Tartes wie französische Gärten: kontrollierte Wildheit, gestutzte Lust, in Symmetrie gebrachte Sinnlichkeit. Die Zutaten werden zu filigranen Kunstwerken geformt, womöglich in Pastell gefärbt. Diese Apfeltarte ist anders, weshalb sie wohl auch mit dem Adjektiv *paysanne* versehen wurde, zu Deutsch »bäuerlich«. Aber ich denke, bäuerlich würden die Franzosen alles nennen, was bei mir in der Küche entsteht. Diese Tarte jedenfalls ist von erstaunlicher Formlosigkeit, die Stücke zerfallen, die weich gekochten Äpfel purzeln heraus, dann gibt man noch etwas Crème fraîche drauf, sodass das Ganze ins Chaos rutscht und ebenso eine – *l'horreur* – österreichische Mehlspeise sein könnte. Es schmeckt natürlich herrlich.

Ofen auf 170 °C Ober- und Unterhitze vorheizen. Eier und Zucker mit den Quirlen des Handrührgeräts verrühren, Mehl und Vanillemark unterheben. Milch hinzugießen und alles verrühren, bis ein cremiger Teig entsteht. Für den Belag Äpfel schälen, vierteln und entkernen. Butter in einer Pfanne mit ofenfestem Griff schmelzen. Apfelstücke hinzugeben, in der heißen Butter schwenken, bis sie etwas Farbe angenommen haben. Dann Zucker hinzugeben, gut durchschwenken, damit er sich verteilt. Zucker etwas braun werden lassen. Mit Whiskey ablöschen. Den Teig draufgießen, gleichmäßig verteilen und die Tarte im heißen Ofen 30 Minuten backen. Den Kuchen dann stürzen. Am besten mit Crème fraîche servieren.

MIRABELLENTARTE

Zutaten für eine Springform mit 27 cm Ø

Für den Teig:
250 g Mehl, 3 EL Zucker, ½ TL Salz, 125 g weiche Butter

Für den Belag:
600 g Mirabellen, 80 g gemahlene Mandeln, 1 Ei, 50 g Zucker, 50 g Butter

Manchmal werde ich gefragt, wie ich es schaffe, immer so viel zu kochen. Alles eine Frage der Organisation, antworte ich dann großspurig. Die Organisation sieht allerdings manchmal so aus, dass es bei uns Mirabellentarte zum Abendessen gibt, weil ich spät dran war mit dem Ausprobieren des Rezepts und keine Zeit hatte, etwas anderes zuzubereiten, und zum Frühstück am nächsten Tag gibt es auch noch mal Mirabellentarte, weil nichts anderes im Haus ist. Ich weiß, dass dies keine vollwertige Ernährung ist, und ich empfehle nicht, zu jeder Mahlzeit ein Stück Tarte zu essen. Wirklich, tun Sie es nicht. Die Tarte ist wegen der Mandelcreme sehr süß, wie eine der ungefragt geäußerten Meinungen in meinem Haushalt lautete. Morgens um halb sieben mag das stören, aber nachmittags, wenn der Tag durchhängt und man einen bitteren Kaffee trinkt, gibt es kaum etwas Schöneres. Genießen Sie es, die kleine gelbe Mirabelle ist der letzte Gruß des Sommers, danach gibt's wieder Kürbis und Gänsebraten.

Für den Teig Mehl in eine Schüssel geben, in der Mitte eine Mulde bilden und Zucker, Salz, 60 ml Wasser und gewürfelte Butter hinzufügen. Alles zu einem Teig verkneten. Teigkugel für 1 Stunde in den Kühlschrank legen. Währenddessen für den Belag die Mirabellen waschen, halbieren und entsteinen. Mandeln, Ei, Zucker und Butter zu einer Creme verrühren. Den Teig aus dem Kühlschrank nehmen. Den Backofen auf 180 °C Ober-/Unterhitze vorheizen. Sobald der Teig weich genug ist, in die Springform, die mit Backpapier ausgelegt wurde und deren Ränder eingefettet sind, mit den Fingern zu einem Tarteboden mit einem Rand von 2 cm drücken. Teig mit einer Gabel ein paarmal einstechen. Mandelcreme daraufstreichen. Dann die Mirabellenhälften recht dicht auf den Belag setzen, sie dürfen sich überlappen, da sie recht viel Flüssigkeit abgeben. Ich finde es besser, wenn die Schnittfläche nach unten zeigt, weil sich so die Schale im Ofen an manchen Stellen dunkelbraun verfärbt. Unser Fotograf bevorzugt offenbar eine nach oben zeigende Schnittfläche. Tarte im heißen Ofen 30 bis 35 Minuten lang backen.

Unübertroffener Mürbeteig

TARTE MIT NEKTARINEN UND APRIKOSEN

Zutaten für 6 Personen

Für den Teig:
120 g Mehl (davon 20 g Vollkornmehl), 80 g Zucker, 40 g kalte Butter, 1 Ei

Für den Belag:
75 g weiche Butter, 75 g Zucker, 1 Ei, 50 g gemahlene Mandeln, 20 g Mehl, 2–3 Nektarinen und/oder Aprikosen

Auf der Suche nach Abwechslung ging ich letztens zwar nicht so weit, einen anderen Teig als einen Mürbeteig für eine Obsttarte zuzubereiten. Doch ich variierte das Rezept. Weniger Zucker, kein Ei, dafür ein bisschen Essig, weil es interessant klingt und eine amerikanische Kochkolumnistin bei ihrem Leben schwört, das sei einfach ein genialer Trick. Die Variante hat ganz gut funktioniert, aber ich bin trotzdem beim alten Rezept geblieben. Also beim ganz normalen Mürbeteig, drei Teile Mehl (ein bisschen Vollkornmehl für den Geschmack), zwei Teile Zucker, ein Teil Butter – ein Teig, der mehr oder weniger idiotensicher ist und vor allem köstlich schmeckt, besonders, wenn man ihn roh vor dem Backen isst. Das widerspricht bestimmt den Hygienevorschriften und natürlich den Gesetzen der feinen Küche, aber ist nun mal der eigentliche Grund, warum ich persönlich backe.

Für den Teig Mehl und Zucker vermengen, die Butter in Würfel schneiden, in die Schüssel geben und das Ganze mit den Händen zu einem krümeligen Teig kneten. Ei hinzufügen und gut verkneten. Den Teig in Klarsichtfolie wickeln und 1 bis 2 Stunden in den Kühlschrank legen. Den Backofen auf 190 °C Ober- und Unterhitze vorheizen. Für den Belag Butter und Zucker mit dem Rührgerät cremig rühren, erst das Ei, dann gemahlene Mandeln und Mehl unterrühren. Die Creme beiseite stellen. Den Mürbeteig mit einem Nudelholz auf einem Stück Backpapier ausrollen, ungefähr 5 mm dick. Mit der Mandelcreme bestreichen, dabei einen Rand von etwa 2 cm frei lassen. Die Früchte waschen, halbieren, entsteinen und in Schnitze schneiden, auf die Creme legen. Dann den Rand einklappen, möglichst ohne Durchlässe, obwohl es auch nicht schlimm ist, wenn beim Backen etwas Flüssigkeit ausläuft. Tarte samt Papier auf ein Backblech ziehen und im heißen Ofen 30 bis 35 Minuten lang backen.

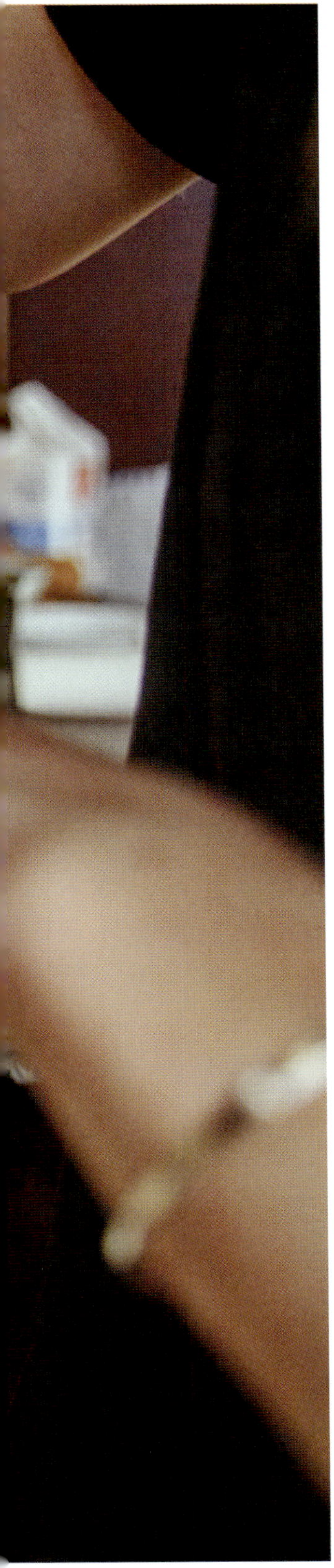

VON KEKSEN UND KLEINIG-KEITEN

Man soll sich ja am Einfachen erfreuen

FENCHEL-SHORTBREAD

Zutaten für 1–2 Bleche
1 Orange, 1 ½ TL Fenchelsamen, 125 g Butter, 50 g Puderzucker, 1 Msp. gemahlene Vanille, 150 g Mehl, 1 Prise Salz

Je tiefer die Feindschaft des Westens mit dem Nahen Osten geworden ist, desto größer wurde unser Interesse an der arabischen Küche. Keine Gemeinheit wird ausgelassen, wenn über Muslime, hiesige und andere, gesprochen wird. Doch wenn auf einem Kochbuch das Wort »orientalisch« steht, verkauft es sich von allein. Vielleicht verbirgt sich hinter den wunderschönen Kochbüchern der koloniale Gestus, der die Fremdheit zwischen den Kulturen betont, indem er die exotischen Unterschiede feiert. Aber es könnte auch die Sehnsucht nach Versöhnung sein, die uns in den Läden der Einwanderer nach Minze, Sumach und Kichererbsen suchen lässt. *Orientalisch vegetarisch* heißt ein bei Dorling Kindersley erschienenes Kochbuch. Ich habe das Fenchel-Shortbread daraus nachgebacken und kann versichern, dass Butter, Orange, Fenchel, Zucker eine sehr gute Kombination ergeben.

Orange heiß waschen, abtrocknen und die Schale fein abreiben. Die Fenchelsamen im Mörser grob zerstoßen und die Butter würfeln. Alle Shortbread-Zutaten mit der Hand gut verkneten. Den Teig in Frischhaltefolie wickeln und 1 Stunde lang kalt stellen. Backpapier in der Größe eines Blechs bereitlegen, den Teig darauf zu einem Rechteck drücken (falls er krümelt, noch mal kurz durchkneten). Ein weiteres Stück Backpapier auf das Rechteck legen, den Teig ungefähr 3 mm dick ausrollen. Nach Belieben in Rechtecke oder Dreiecke schneiden. Das Shortbread auf dem Backpapier noch mal 20 Minuten lang kühl stellen. (Hier hat derjenige einen Vorteil, der eine Weile nicht mehr zum Einkaufen gekommen ist und in dessen Kühlschrank sich daher nichts als ein Glas Senf und eine Flasche Bier befindet.) Backofen auf 180 °C Ober-/Unterhitze vorheizen. Shortbread 10 bis 12 Minuten lang backen, bis es goldbraun ist. Wenn man das Gebäck aus dem Ofen holt, ist es noch weich, man muss es kurz auskühlen lassen. Im Kochbuch ist die Rede von zwei Blechen, für die der Teig reiche. Ich habe nur ein Blech benötigt, was mit meiner kindlichen Vorliebe für rohen Keksteig zusammenhängen könnte.

Kekse zum Verschenken

INGWER-SCHOKOLADEN-PLÄTZCHEN

Zutaten für 1 Blech
70 g weiche Butter, 80 g brauner Zucker, 3 EL Zuckerrübensirup, 250 g Mehl, ½ TL Backpulver, 2 TL gemahlener Zimt, 1 TL gemahlener Ingwer, ¼ TL gemahlene Muskatnuss, 1 Eigelb, 2 EL Milch, 150 g dunkle Schokolade (70 % Kakaoanteil)

Gemein, dass alle immer über Weihnachten schimpfen. Es ist doch ein so schönes Fest, immerhin geht es um Liebe und Essen und ein süßes Baby, was will man mehr? Aber ich verstehe schon, es ist natürlich der Geschenkewahn, der einem so zusetzt. Schließlich kauft man in diesen vorweihnachtlichen Wochen nicht nur für sich selbst Krempel, den man nicht braucht, sondern auch noch für sämtliche Familienmitglieder, mit denen man dann, quasi zur Belohnung für all den Stress, mehrere Tage in überheizten Räumen verbringen darf, um sich sehr wahrscheinlich mit ihnen zu streiten. Zu erstgenanntem Problem habe ich eine Idee: Backen Sie diese Kekse – sie schmecken würzig und süß und gar nicht nach Weihnachtsmarkt. Packen Sie sie in schöne Tütchen, und verschenken Sie sie an Ihre Lieben. Mehr gibt's nicht dieses Jahr: nur Zucker, Sorgfalt und kostbare Zeit, die man in diese Kekse gesteckt hat. Ich bin gespannt auf die Reaktionen, übernehme allerdings keinerlei Verantwortung.

Den Ofen auf 180 °C Ober- und Unterhitze vorheizen. Ein Blech mit Backpapier auslegen. Butter und Zucker mit den Rührbesen des Handrührgeräts gründlich verrühren. Den Sirup hinzufügen. Mehl, Backpulver, Zimt, Ingwer und Muskatnuss gut vermengen, zur Butter-Zucker-Mischung hinzufügen. Dann Eigelb und Milch hineinrühren und alles zu einem Teig kneten. Den Teig ungefähr 0,5 cm dick ausrollen. Jetzt die Plätzchen ausstechen. Dafür kann man Ausstecher nehmen, aber auch einfach ein Glas, das man umgedreht in den Teig drückt. Die Plätzchen auf dem Blech verteilen. Ungefähr 12 Minuten lang backen. Man sollte den Ofen zum Ende der Backzeit im Auge behalten, weil die Kekse leicht verbrennen. Für die Glasur Schokolade langsam schmelzen, zum Beispiel in einer Schüssel über heißem Wasser. Sobald die Kekse etwas abgekühlt sind, tunkt man sie zur Hälfte in die weiche Schokolade. Zurück auf das Blech mit Backpapier legen und mehrere Stunden trocknen lassen.

SCHOKO-PISTAZIEN-KEKSE

Zutaten für 1–2 Bleche
300 g Zucker, 150 g weiche Butter, 2 Eier, 280 g Mehl, 50 g Kakaopulver, 1 TL Backpulver, 150 g ungesalzene, geschälte Pistazien, 100 g Zartbitter-Schokoladentropfen

Ich wollte diese Kekse schon lange einmal backen, aber wegen meiner (zugegebenermaßen höchstens punktuell auftretenden) Sparsamkeit habe ich es immer wieder hinausgezögert und auf einen festlichen Anlass gewartet, den Beginn des Advents. Denn: Wissen Sie, wie teuer Pistazien sind? Zumindest die geschälten, ungesalzenen. Die gesalzenen sind aus irgendeinem Grund günstiger. Ich lese immer wieder, Fleisch sei zwar billig wie nie, dürfe aber auf gar keinen Fall teurer werden, weil diejenigen mit kleinem Geldbeutel es dann nicht mehr bezahlen könnten. Aber was ist mit Pistazien? Und Macadamia-Nüssen? Die sind noch teurer und schmecken noch besser als Pistazien. Und wenn wir schon einmal dabei sind: Champagner? Warum lässt der Staat zu, dass nur Reiche ihn sich leisten können? Das ist das Gegenteil von guter Sozialpolitik, wenn man mich fragt.

Den Backofen auf 160 °C Umluft vorheizen. Zucker und Butter mit der Hand verkneten. Eier verquirlen, mit einem Löffel unterrühren. Mehl, Kakao, Backpulver vermengen und unterrühren. Alles zu einem Teig kneten. Pistazien in einer beschichteten Pfanne ohne Fett rösten, dann grob zerkleinern, entweder mit einem Messer oder im Mörser. In den Teig kneten. Schokoladentropfen in den Teig kneten. Backblech mit Backpapier auslegen. Mit den Fingern aus dem Teig aprikosengroße Stücke formen, leicht andrücken und mit mindestens 2 cm Abstand auf das Blech setzen. Wenn man nicht zu viel vom rohen Teig nascht, was schwierig ist, braucht man eventuell ein zweites Blech. Kekse ungefähr 15 Minuten lang backen. Auskühlen lassen.

RICOTTA-PISTAZIEN-KEKSE

Zutaten für 2 Bleche
150 g gehackte, ungesalzene Pistazienkerne, 250 g Zucker, 100 g Butter, 250 g Ricotta, 1 TL Vanilleextrakt, 1 Ei, 260 g Mehl, 1 TL Backpulver, Salz

Für den Zuckerguss:
120 g Puderzucker, 2 EL Milch, 3 EL gehackte Pistazienkerne

Diese Kekse haben eine zartgrüne Farbe, sodass sie ein bisschen aussehen wie Zucchinibällchen und irgendetwas mit Petersilie. Daher bestreicht man die Kekse nach dem Backen mit Zuckerguss und bestreut sie mit gehackten Pistazien. Aber der Zuckerguss sollte auch deshalb nicht weggelassen werden, weil die Kekse sehr süß sein müssen. Ich habe versucht, weniger Zucker in den Teig zu geben, aber das schmeckt nicht. Sie kommen aus Italien, und man muss, wenn man hineinbeißt, sofort gedanklich in einer Pasticceria stehen, vor sich ein kleiner, sehr schwarzer Kaffee. Gut, in Wirklichkeit sitzen wir womöglich im Lockdown in einem stickigen Wohnzimmer und trinken einen Hafer-Cappuccino dazu, aber was soll's, man darf träumen, es ist Advent.

Den Ofen auf 175 °C Umluft vorheizen. Gehackte Pistazien mit dem Pürierstab zu Mehl zerkleinern. In einer Schüssel Zucker und Butter 3 Minuten mit den Rührbesen des Handrührgeräts verrühren. Ricotta, Vanille, Pistazienmehl und das Ei hineinrühren. Dann Mehl, Backpulver und Salz dazugeben, bis ein Teig entsteht. Mit einem Teelöffel Kekse formen, die man auf ein mit Backpapier belegtes Backblech setzt. (Den Teig an der Oberfläche eventuell mit den Fingern etwas glatt streichen.) Die Kekse im heißen Ofen 15 Minuten backen, ab Minute 12 sollte man aber aufpassen, ob sie nicht zu braun werden.

Für den Zuckerguss Puderzucker und Milch verrühren, die Kekse damit bestreichen. Ein paar gehackte Pistazien daraufsetzen. Den Guss trocken werden lassen.

SCHOKOLADENKEKSE MIT KARDAMOM UND SALZ

Zutaten für 15 Stück

1 TL Kardamomkapseln, 120 g dunkle Schokolade (70 % Kakaogehalt), 100 g Butter, 100 g brauner Zucker, 1 Ei, 150 g Mehl, 15 g Kakaopulver, 1 TL Backpulver, 1 TL Salzflocken

Ich habe mir eingebildet, diese Kekse seien »erwachsene« Weihnachtskekse, also mehr als einfach süß. Nämlich »interessant«. Ah, Kardamom, ruft da der Teil meiner Koch-Persönlichkeit, der auch die Stoffservietten bügelt. Dann werden diese Kekse, die man gar nicht so nennen darf, sondern wahrscheinlich *petits gateaux* oder so, auch noch mit dunkler Schokolade zubereitet. Und tatsächlich muss man sich eine Packung von diesen affigen, köstlichen Salzflocken anschaffen. Aber was soll ich sagen? Kleinkinder stopfen die Kekse in sich rein, als wären es Gummibärchen. Ich habe den Test gemacht. Keine Hemmung ob des seltsamen Kardamomgeschmacks, des teuren Salzes, der Herrenschokolade. Einfach purer Genuss, und hinterher klebt die Schokolade im ganzen Gesicht. Und ist das nicht eigentlich genau die richtige Art, Weihnachtskekse zu essen?

Den Ofen auf 160 °C Ober-/Unterhitze (140 °C Umluft) vorheizen. Kardamom im Mörser grob zerstoßen und die Samen herauslösen. 100 g Schokolade schmelzen. Butter und Zucker gut aufschlagen, sodass eine cremige Masse entsteht. Ei und Kardamomsamen dazugeben. Mehl, Kakao, Backpulver und Salzflocken vermischen und mit der geschmolzenen Schokolade einrühren. Restliche Schokolade grob hacken und unterheben. Je 1 EL Masse zu einer Kugel formen, auf Backpapier setzen und etwas flach drücken. 10 Minuten lang backen.

Kekse für Erwachsene

SCHOKOLADEN-MISO-KEKSE

Zutaten für ungefähr 18 Kekse
170 g Mehl, ½ TL Backpulver, ½ TL Salz, 110 g Butter, 100 g brauner Zucker, 120 g weißer Zucker, 35 g helle Misopaste, 1 Ei, 1 TL Vanilleextrakt, 80 g Schokoladentropfen

Heute sagt man nicht: Ich habe ein Kind, oder: Ich habe Familie, sondern man sagt: Ich leiste unbezahlte Care-Arbeit. Ich kaufe nicht ein Paar überteuerter, aber total süßer Gummistiefelchen für mein Kind, nein, das ist *mental load*. Ich sage nicht, du, kannst du mal bitte deine Socken hier wegräumen, nein, das Ansprechen von Problemen in Paarbeziehungen ist emotionale Arbeit, die leider in unserer Gesellschaft unsichtbar bleibt. Ich backe nicht Kekse, sondern ich verrichte eine reproduktive Tätigkeit, indem ich mittels Keksen einen Erholungsraum für den lohnarbeitenden Mann herstelle. Nun, mit herzlichen Grüßen aus dem Erholungsraum möchte ich diese Kekse sehr empfehlen, sie schmecken süß und ein bisschen salzig, ich würde sagen erwachsen, und zwar durch die Zugabe einer japanischen Würzpaste namens Miso.

Den Backofen auf 180 °C vorheizen. Mehl, Backpulver und Salz in einer Schüssel vermengen. In einer anderen Schüssel Butter, braunen und weißen Zucker sowie die Misopaste mit den Rührbesen des Handrührgeräts verrühren, ungefähr 3 Minuten lang. Das Ei und die Vanille hinzufügen. Die Mehlmischung hineinrühren. Zum Schluss die Schokotropfen unterheben. Den Teig in Frischhaltefolie wickeln und 1 Stunde in den Kühlschrank legen. Ein Backblech mit Backpapier auslegen, jeweils etwa 2 Esslöffel von dem Teig auf das Blech setzen und ihn mit der Hand in Keksform drücken (nicht zu ordentlich, der Keks findet beim Backen von allein seine Form). Die Kekse im heißen Ofen 10 bis 12 Minuten backen (am besten während des Backens immer wieder einen Blick auf die Kekse werfen, denn jeder Ofen ist unterschiedlich). Wenn die Kekse aus dem Ofen kommen, sind sie noch weich, man lässt sie abkühlen, dann kann man sie leicht vom Blech lösen.

BROWNIES MIT TAHIN

Zutaten für eine rechteckige Backform (20 x 25 cm)
250 g dunkle Schokolade, 250 g gesalzene Butter, 250 g Zucker, 80 g Mehl,
6 Eier, 5 EL Tahin (Sesampaste)

Brownies sind zuckersüß und weich und leisten in keiner Weise Widerstand, wenn man sie verschlingt. Aber gibt man ein bisschen Sesampaste dazu, genauer: Tahin, lassen sie ihre Gefälligkeit hinter sich und bekommen den Hauch einer bitteren Note. Ein Sesam-Brownie ist immer noch das Sonnenscheinchen unter den Desserts, aber ein Sonnenscheinchen, das vielleicht auch schon den einen oder anderen Rückschlag im Leben erlitten hat. Ich habe das Rezept in einem hier bereits zitierten Kochbuch mit dem Titel *Palestine on a Plate* gefunden. Es ist ein wunderbares Rezept, ein Meisterstück der Autorin Joudie Kalla. Folgt man allerdings ihren Mengenangaben, kann man sich eine Woche lang von Brownies ernähren. Ich habe die Mengen also um die Hälfte reduziert.

Den Ofen auf 160 °C Umluft vorheizen. Eine Backform mit Backpapier oder Alufolie auslegen. Schokolade und Butter in einem kleinen Topf im Ofen langsam zergehen lassen oder bei sehr schwacher Hitze auf dem Herd. Wenn beides geschmolzen ist, gibt man die Masse zusammen mit dem Zucker in eine Schüssel und vermengt alles gut. Dann das Mehl hinzufügen. Schließlich die Eier in den Teig aufschlagen und den Schüsselinhalt gut verrühren. Teigmasse in die Backform gießen, mit einem Löffel die Oberfläche glatt streichen. Man kann die Backform jetzt ein paarmal sanft auf eine Arbeitsfläche schlagen, sodass sich mögliche Luftblasen im Teig auflösen. Tahin gleichmäßig auf die Teigoberfläche klecksen und mit einer Messerspitze oder einem Zahnstocher so in den Teig einarbeiten, dass eine Marmorierung entsteht. Brownies im heißen Ofen 40 Minuten lang backen. Währenddessen immer wieder nachschauen, ob die Brownies doch schon früher aus dem Ofen müssen – sie dürfen nicht zu trocken werden und sollen sich bis zum Schluss etwas, Entschuldigung, leicht Wabbeliges bewahren. Fertige Brownieplatte auskühlen lassen, dann in Würfel schneiden.

SÜSSE ZIEGENKÄSECREME MIT ERDBEEREN

Zutaten für 4 Personen

Für die Ziegenkäsecreme:
140 g frischer, ganz junger Ziegenkäse (Zimmertemperatur), 50 g Zucker, 120 ml Milch, 2 (große) Eigelb, 1 Prise Vanilleextrakt

Für die Rotwein-Erdbeeren:
120 ml Rotwein, 50 g Zucker, 100 g Erdbeeren

Weil ich die chemischen Vorgänge beim Kochen nicht begreife, halte ich mich bei der Zubereitung eines Nachtischs genau an das Rezept, sonst gelingt er nämlich nicht. Das wiederum führt dazu, dass mich das Zubereiten von Desserts langweilt. Es ist so, als müsste ich ein Malbuch ausfüllen. Weil meistens irgendwas mit rohem Ei drin ist und ich die deutsche Salmonellenangst ganz und gar verinnerlicht habe, traue ich mich auch nicht, zwischendurch zu probieren, wodurch das Ganze für mich vollends den Sinn verloren hat. So ist die Zubereitung dieses Nachtisches auch etwas eintönig. Aber wie man sieht, sind die Zutaten nicht desserttypisch. Das ist das Besondere an diesem Rezept, und man kann es zubereiten, wenn man Gäste hat, die man überraschen oder gar beeindrucken will. Erwähnen Sie ruhig meinen Namen. Allerdings habe ich das Rezept von einem in Paris lebenden amerikanischen Blogger namens David Lebovitz übernommen, der Nachtische sehr gern zubereitet.

Ofen auf 175 °C vorheizen. Vier ofenfeste Schälchen in eine Auflaufform (oder ein tiefes Backblech) setzen. Ziegenkäse, Zucker, Milch, Eigelb und Vanille mit dem Rührgerät zu einer dünnflüssigen, glatten Masse vermengen. Die Mischung in die Schälchen gießen, sodass sie ungefähr halb voll sind. Warmes Leitungswasser in die Auflaufform geben, das Wasser sollte ungefähr bis zur Hälfte der Schälchen reichen. Die Form (oder das Blech) mit Alufolie bedecken und alles für 15 bis 20 Minuten im Ofen garen. Vor dem Servieren abkühlen lassen. Um den Rotweinsud für die Erdbeeren zuzubereiten, in einer beschichteten Pfanne Wein und Zucker aufkochen. Köcheln lassen, bis die Flüssigkeit fester wird und um die Hälfte weniger Volumen hat. Abkühlen lassen. Erdbeeren waschen, putzen, vierteln und mit dem Sirup vermengen, einige Minuten ziehen lassen. Zu der Ziegenkäsecreme servieren.

IT'S CRUMBLE TIME!

Die Welt wäre vielleicht eine bessere, wenn die Leute mehr Crumble äßen

HEIDELBEERSTREUSEL

Zutaten für 5–6 Personen
500 g Heidelbeeren, 70 g weißer Zucker, 150 g Mehl, 50 g gemahlene Mandeln, 80 g brauner Zucker, 1 Prise Salz, 150 g kalte Butter, 250 g Crème fraîche

Erinnert sich jemand an den Winter? Das ist die Zeit, in der man ratlos durch die Gänge der Gemüseabteilung wandelt und sich fragt, woher um Himmels willen wohl diese Tomaten stammen (Peru?) und ob man in seinem Leben jemals wieder etwas anderes als Kürbis essen wird. Überraschenderweise kommt der Sommer am Ende dann doch immer. Er ist zwar kurz, aber in diesen paar Wochen versieht er das Land mit einem Übermaß an frischem Obst, sodass man denkt: Wir sind auch ein bisschen wie Italien oder ein Land eben, in dem neben Mais für Biogasanlagen auch schöne Dinge wachsen. An jeder Ecke stehen jetzt fröhliche Erdbeerhäuschen. Man kann sich vornehmen, viel einzukochen, aber wird es, wie jedes Jahr, wahrscheinlich nicht tun. Stattdessen genießt man den Moment mit einem Heidelbeerstreusel, der die extrem gesundheitsfördernde Wirkung der Superbeere mit Butter und Zucker wenn nicht zerstört, so doch ausbalanciert. Dieses Gericht ist im Prinzip ein umgedrehter Kuchen, denn das, was da auf die Heidelbeeren kommt, ist nichts anderes als ein nicht glatt gekneteter Mürbeteig. Der Vorteil eines sogenannten Crumbles ist, dass man das Teig-Belag-Mischungsverhältnis zugunsten der Beeren verschieben kann und dass man sich schlicht überhaupt keine Mühe mit Kneten und Teigausrollen geben muss. Das Unordentliche ist gewollt.

Backofen auf 170 °C vorheizen. Die Heidelbeeren verlesen und waschen, mit weißem Zucker in einer Auflaufform vermengen. In einer Rührschüssel Mehl, gemahlene Mandeln, braunen Zucker und Salz verrühren. Die kalte Butter – zuvor in kleine Stücke geschnitten – mit den Händen nicht zu lange hineinkneten, sodass nicht etwa ein glatter Teig, sondern eine krümelige Masse entsteht. Diese über die Heidelbeeren geben. Das Ganze im Ofen ungefähr 50 Minuten lang backen. Am besten noch warm mit etwas Crème fraîche servieren. Man kann auch Vanilleeis dazu reichen, aber selbst mir scheint das etwas *too much* Zucker, und das will was heißen.

Im Erdbeerwahn

ERDBEER-RHABARBER-CRUMBLE

Zutaten für 4–6 Personen
100 g Mehl, 100 g Butter, 80 g Zucker, 80 g gemahlene Mandeln, 1 Stück Ingwer (ca. 1 cm lang), 250 g Erdbeeren, 6 Stangen Rhabarber, 2 EL Zucker, 2 EL Crème fraîche

Schon wieder kein Spargelrezept hier. Warum? Ich habe einfach keine Lust darauf. Auch nicht auf grünen Spargel. Ich habe nichts gegen Spargel, aber soweit ich weiß, gibt es keine Verpflichtung, zwischen April und Juni Tag für Tag Spargel zu essen oder überhaupt Spargel zu essen. Ich setze aus. Ich bin mir sicher, dass Sie, lieber Leser, keine Schwierigkeiten haben werden, in anderen Medien fündig zu werden, wenn Sie auf der Suche nach Spargelrezepten sind. Ich meine es gar nicht böse. Ich gucke auch keinen Fußball. Nein, auch keine WM-Spiele, auch keine WM-Endspiele mit deutscher Beteiligung. Ich unterlasse dies alles nicht, um anders zu sein. Ich bin einfach so. Minderheiten sind nicht immer mit Absicht Minderheiten. Aber wenn ich weiter von meinen Mitmenschen immerzu und leicht vorwurfsvoll gefragt werde, warum in Gottes Namen ich nicht Fußball gucke und nicht *Game of Thrones* und nicht die ganze Zeit Spargel esse – dann werde ich mich vielleicht radikalisieren und das Ganze zum Programm erklären, und zwar zu einem Akt der Rebellion. Mal sehen. Beim Erdbeerwahn allerdings mache ich gern mit.

Den Backofen auf 180 °C Ober-/Unterhitze vorheizen. Mehl, Butter, Zucker und Mandeln in einer Schüssel mit den Fingern zu einem krümeligen Teig vermengen. Ingwer schälen, sehr fein reiben und hinzufügen. Erdbeeren waschen, vorsichtig abtrocknen, entkelchen und halbieren. Rhabarber schälen und in 2 cm lange Stücke schneiden. Beides in einer Auflaufform gleichmäßig verteilen. Zucker und Crème fraîche darübergeben. Die Teigkrümel darauf verteilen. Crumble im heißen Ofen 30 Minuten lang backen, lauwarm servieren, eventuell mit etwas Crème fraîche.

RHABARBER-CRUMBLE

Zutaten für 6–8 Personen
800 g Rhabarber, 40 g Zucker

Für das Topping:
170 g kalte Butter, 150 g Mehl, 75 g gemahlene Mandeln, 75 g Zucker,
¼ TL Salz, 25 g Mandeln

Zum Servieren:
etwas Crème fraîche

Ich habe darüber nachgedacht, ob man mit Rhabarber etwas Besseres machen könnte als einen Crumble. Mir fiel nur das iranische Gerichte namens *Chorescht e Rivas* ein, für das Rhabarber mit Rindfleisch und Kurkuma geschmort wird. Doch das habe ich an dieser Stelle vor zwei Jahren schon vorgestellt. Es bleibt also nur der Crumble. Aber was soll man sagen: Ist er nicht auch herrlich? So schlicht, so großzügig im Geschmack, sauer, süß, frisch, alles dabei. Eine Autorität in Sachen Rhabarber-Crumble ist die britische Tageszeitung *The Guardian*. Die Briten essen offenbar sehr viel Rhabarber, und die Stärke der Zeitung liegt in der sorgfältigen Recherche. Sie haben vieles ausprobiert, vieles verworfen, dieses Rezept ist das Ergebnis. Je einfacher, desto besser. Man könnte den Teig mit etwas gemahlenem Kardamom würzen oder mit Zimt oder geriebenem Ingwer. Der *Guardian* rät davon ab. Zu Recht. Warum so tun, als sei man erwachsen, wenn man in Crumble-Stimmung ist?

Man kann aber statt des weißen Zuckers einen Mode-Zucker (ja, so etwas gibt es) nehmen, der Demerara heißt. Das ist ein Rohrzucker, ich würde sagen, er schmeckt knusprig und karamellig. Wenn man eine Packung in einem Laden antreffen sollte, lohnt sich die Investition.

Den Ofen auf 200 °C Umluft vorheizen. Den Rhabarber von den Blättern befreien, waschen, in ungefähr 3 cm lange Stücke schneiden und in eine Auflaufform geben, die der Rhabarber gerade so ausfüllt. Zucker hinzufügen und alles gut vermengen.

Für das Topping die Butter würfeln, zusammen mit Mehl, gemahlenen Mandeln, Zucker und Salz in einer großen Schüssel mit den Fingern vermengen, bis eine krümelige Masse entsteht. Diese ungefähr 20 Minuten im Kühlschrank kühlen. Die Mischung dann gleichmäßig auf dem Rhabarber verteilen. Crumble im heißen Ofen 30 Minuten backen. Dann grob gehackte Mandeln darübergeben, weitere 10 Minuten backen. Crumble noch warm mit etwas Crème fraîche servieren.

BIRNEN-CRUMBLE MIT SCHOKOLADE

Zutaten für 4 Personen
500 g Birnen, 80 g kalte Butter (plus etwas mehr zum Braten), 80 g Mehl, 80 g Zucker, 3 EL kernige Haferflocken, 70 g dunkle Schokolade, ca. 4 EL Crème fraîche

Manche Leser rechnen für mich aus, wie viele Kalorien man zu sich nimmt, wenn man meine Rezepte nachkocht. Um mir vor Augen zu führen, dass es zu viele Kalorien sind, versteht sich. Wobei es natürlich auch solche Leser gibt, die finden, meine Rezepte enthielten zu wenige Kalorien, und mir Askese vorwerfen (der schlimmere Vorwurf an eine Kochkolumnistin, nehme ich an). Ich glaube, Letztere können sich über diesen Birnen-Schokoladen-Crumble nicht beschweren. Das Rezept stammt von Nigel Slater, einem britischen Koch, der aussieht wie ein Literatur-Nobelpreisträger, sich in der Küche aber in ein gefräßiges Tier verwandelt (nachzulesen in seinem *Küchentagebuch*, DuMont Verlag). Sein Crumble ist wirklich sehr süß, und wenn ich das sage, dann will es etwas heißen, denn ich finde selbst arabisches Gebäck nicht zu süß und weiß eigentlich überhaupt erst seit Slaters Birnen-Crumble, was die Wendung »zu süß« bedeuten soll. Ich habe also etwas weniger Zucker verwendet, als im Originalrezept angegeben, und außerdem den Birnenanteil erhöht. Man isst den Crumble am besten lauwarm, mit etwas Crème fraîche dazu, weil es dann frischer und also irgendwie gesünder schmeckt, eine köstliche Illusion.

Den Backofen auf 180 °C Umluft vorheizen. Birnen schälen, vierteln und entkernen. Das Obst in etwas Butter in einer Pfanne anbraten. Dann in einer Auflaufform verteilen. Die Form sollte so groß sein, dass die Birnen den Boden vollständig bedecken. Für die Streusel Butter und Mehl mit den Fingern verkneten, sodass eine krümelige Mischung entsteht. Zucker und Haferflocken hinzufügen. Schokolade fein hacken und unter den Crumble-Teig geben. Die Mischung auf den Birnen verteilen. Crumble im heißen Ofen 45 Minuten backen, dann mit je 1 EL Crème fraîche servieren.

APPLE CRUMBLE

Zutaten für 4 Personen
1 kg Äpfel, 100 g Zucker (plus 1 Prise), 1 EL Wasser, 100 g Mehl, 75 g Butter, 50 g Haferflocken, 1 Prise Salz

Vielleicht bin ich naiv, aber ich glaube, die Welt wäre besser, wenn die Leute mehr Apple Crumble äßen. Alle bösen Gedanken fallen von einem ab, wenn einem dieser süße, warme Duft von Apfel, Karamell und Butter in die Nase steigt. Es ist der Duft nach Kindheit und Geborgenheit – selbst wenn man gar keine kochende Mutter hatte. Eine Kugel Vanilleeis schmilzt über diesen herrlichen Streuseln und man ist für mindestens ein paar Momente mit der Welt versöhnt. Vielleicht ein guter Snack für den nächsten AfD-Parteitag? *An apple crumble a day keeps the Fremdenhass away.* Das Rezept ist die Variation eines Rezepts von Nigel Slater. Er hat, glaube ich, ungezählte AppleCrumble-Rezepte veröffentlicht. Er ist ja ein wichtiger Vertreter des therapeutischen Kochens mit viel Butter und Zucker.

Den Ofen auf 200 °C vorheizen. Die Äpfel nicht schälen, aber waschen und vierteln. Das Kerngehäuse entfernen, dann die Schnitze einmal längs durchschneiden. In einem Topf mit 1 Prise Zucker und dem Wasser 5 Minuten lang dünsten. In der Zwischenzeit Mehl und Butter in eine Schüssel geben, mit den Händen verkneten, bis die Mischung krümelig wird. Haferflocken und restlichen Zucker dazugeben sowie das Salz unterkneten. Man kann an dieser Stelle mal nachsehen, was man so alles im Gewürzregal findet: Muskatnuss schmeckt zu Äpfeln, gemahlene Nelken passen auch, Zimt zu Äpfeln ist sowieso ein Klassiker, Vanille bietet sich an, Anis ist interessant. Aber all das ist nur Beiwerk, nicht notwendig, um mit einem Apple Crumble tiefes Glück zu erleben. Die gekochten Äpfel in einer feuerfesten Form verteilen. Hafer-Mehl-Butter-Mischung gleichmäßig darauf verteilen. Den Apple Crumble 30 Minuten lang im Ofen backen.

CRUMBLE MIT ÄPFELN UND FEIGEN

Zutaten für 6 Personen
300 g Äpfel, 300 g frische Feigen, 100 g + 1 PriseZucker, 100 g Mehl, 75 g Butter,
50 g Haferflocken, 1 Prise Salz, ½ TL gemahlene Vanille, griechischer Joghurt (oder Crème fraîche)

Die bittere Wahrheit über Feigen in Deutschland: Sie sind entweder zu reif und schmecken vergoren, oder sie sind zu hart und schmecken nach nichts. Wo ist die blumige, saftige, berauschende Mitte dazwischen? Für diejenigen, die keinen Feigenbaum im Garten haben, besteht bei diesem simplen Rezept die größte Herausforderung also darin, gut schmeckende Früchte zu finden. Ich will Sie nicht entmutigen, ich schreibe nur objektiv, was ist. Soll mir keiner vorwerfen, ich würde aus Angst vor unzulässigen Verallgemeinerungen über die Feige etwas verschweigen. Wahrscheinlich werden jetzt viele die Feigen einfach weglassen und den Crumble nur mit Äpfeln zubereiten. Das geht gut, im vergangenen Jahr habe ich dazu ein Rezept auf dieser Seite vorgestellt. Schade wäre es aber, denn gute Feigen schmecken so, als hätten sie jeden einzelnen der wenigen Sonnenstrahlen des Sommers in süßes Fleisch verwandelt. Eine Feige ist eben nicht so unkompliziert wie ein Apfel, aber wenn man sich nur ein bisschen Mühe mit ihr macht, gibt sie die Liebe tausendfach zurück.

Den Backofen auf 200 °C Ober-/Unterhitze vorheizen. Die Äpfel schälen, achteln und in kleine Stücke schneiden. Mit 1 Prise Zucker und 1 EL Wasser in einem Topf ungefähr 5 Minuten lang unter gelegentlichem Rühren andünsten. Die Feigen waschen, je nach Größe halbieren oder vierteln, in eine Auflaufform geben. Die gedünsteten Äpfel hinzufügen. Mehl, Butter, Haferflocken, 100 g Zucker, Salz und Vanille mit der Hand verkneten, bis eine krümelige Masse entsteht. Diese auf den Früchten verteilen. Den Crumble im heißen Ofen 30 Minuten backen. Am besten schmeckt er, wenn er noch warm ist und man dazu Crème fraîche oder griechischen Joghurt isst (das ist der mit dem Fettgehalt von 10 Prozent).

GEBACKENE PFIRSICHE (PEACH COBBLER)

Zutaten für eine Auflaufform

Für die Füllung:
1 kg reife Pfirsiche (4–5 Stück), 200 g Heidelbeeren, 5 EL Zucker, Mark von ½ Vanilleschote, 1 EL Maisstärke, 1 Prise Salz

Für den Teig:
50 g Haselnusskerne, 200 g Mehl, 60 g Zucker (plus 1 EL zum Bestreuen), 1 EL Backpulver, 1 Prise Salz, 120 g kalte Butter, 120 g Sahne

Ein Peach Cobbler ist ein in den USA sehr beliebtes Dessert, für das Obst im Ofen mit süßem Teig überbacken wird. *To cobble something together* heißt etwas zusammenschustern, was das zugrunde liegende Prinzip fast aller Gerichte ist, die auf dieser Seite vorgestellt werden, denn was tun wir hier schon groß anderes, als ein paar Zutaten in Töpfe zu werfen? Der Zauber eines Cobblers aber liegt darin, dass es nur gefällige, ja geradezu unerwachsene Zutaten enthält, nichts, was in irgendeiner Weise eine Herausforderung für die Geschmacksnerven wäre, süß, warm und weich ist es. Ach, die Über-Ich-freie Küche Amerikas, ein Trost im grauen, kalten deutschen Sommer.

Den Backofen auf 180 °C vorheizen. Für die Füllung Pfirsiche entsteinen, in Achtel schneiden. Heidelbeeren in einem Sieb waschen, verlesen und abtropfen lassen. Pfirsiche mit Zucker, Vanillemark, Heidelbeeren, Maisstärke und Salz vermengen. In die Auflaufform geben. Für den Teig Haselnüsse in einer Pfanne ohne Fett 3 bis 5 Minuten lang rösten. Abkühlen lassen, mit dem Pürierstab oder im Mörser fein zerkleinern. Mit Mehl, Zucker, Backpulver und Salz in einer Schüssel vermengen. Die Butter in Würfel schneiden und hinzufügen. Die Zutaten in der Schüssel zu einem krümeligen Teig kneten. Die Krümel sollten ungefähr so groß wie Erbsen sein. Den Teig nicht zu lange kneten. Wenn die Butter zu weich wird, die Schüssel für 5 Minuten in den Kühlschrank stellen. Schließlich Sahne dazugießen und die Masse kurz glatt rühren. Aus dem Teig 8 bis 10 Kugeln formen, die man auf das Obst setzt und etwas flach drückt. Die Teigkugeln mit restlichem Zucker (1 EL) bestreuen. Cobbler 40 bis 45 Minuten lang im Ofen backen. Man könnte statt der Pfirsiche sicher auch Aprikosen, Pflaumen, Nektarinen, andere Beeren oder Kirschen verwenden. Allerdings sollte es Obst sein, das reif ist und gut schmeckt, nicht nur nach Wasser. Mein genereller Eindruck ist, dass der Geschmack von Früchten sich durch Hitze nur unwesentlich verbessert.

ZWETSCHGEN-CRUMBLE MIT MARZIPAN

Zutaten für 4 Personen
800 g reife Zwetschgen, 50 g Zucker, 1 TL Mehl, 100 g Marzipan

Für den Teig:
150 g kalte Butter, 250 g Mehl, 50 g Zucker, 80 g Demerara-Zucker

Zum Servieren:
Crème fraîche

Wenn der Sommer zu Ende geht, bekomme ich Torschlusspanik. Habe ich genug Nektarinen und Himbeeren gegessen? Genug Tomaten? Habe ich ausreichend Aperol Spritz getrunken? Genug Sommerkleider getragen? War nicht gerade erst Mai? Es ging wieder alles so schnell.

Aber ich tröste mich, indem ich mir sage: »Sommer«, das ist das gleichzeitige Auftreten von Sonnenschein, Nichtstun, einem schönen Badesee in der Nähe, den wundersamerweise nur wenige, freundliche Menschen besuchen, und zufällig hat man auch noch eine Wassermelone dabei. Das muss man erst mal hinbekommen.

Jetzt stürze ich mich also auf die Zwetschgen, die so freundlich sind, noch ein paar Wochen zu verweilen, bevor dann wieder die lange, sehr lange Zeit des Wurzelgemüses beginnt. Ja, ich weiß, dass ein Crumble kein richtiges Rezept ist. Aber er schmeckt nun mal großartig, besonders wenn er gerade aus dem Ofen kommt. Außerdem habe ich wenig Zeit, wegen Badesee eben.

Den Backofen auf 200 °C Ober- und Unterhitze vorheizen. Zwetschgen waschen, halbieren, entkernen und die Hälften so in eine Auflaufform legen, dass sie dicht den Boden bedecken. Zucker und Mehl vermengen, darüber geben und untermengen. Marzipan in etwa 1 cm große Stücke reißen, zwischen die Zwetschgen legen.

Den Teig zubereiten. Dazu die kalte Butter würfeln, in einer Schüssel mit Mehl und den beiden Zuckersorten mit den Fingern kneten. Aber nicht zu lange, der Teig soll nicht feinkrümelig sein, sondern aus dicken Streuseln bestehen. Diese auf den Pflaumen verteilen. Crumble 30 bis 35 Minuten im Ofen backen. Den Crumble sofort mit Crème fraîche zusammen essen. (Er hält sich allerdings auch ein bis zwei Tage im Kühlschrank.)

KÜRBIS-CRUMBLE

Zutaten für 4 Personen
1 kg Hokkaidokürbis, 2 Knoblauchzehen, 3 EL Olivenöl, 2 EL Ahornsirup, 1 TL Zimt, 1 TL gemahlener Ingwer, 1 Prise frisch geriebene Muskatnuss, Salz, schwarzer Pfeffer

Für den Belag:
60 g gesalzene Butter, 50 g Haselnüsse, 50 g Mandeln, 60 g gemahlene Mandeln

Ich wusste bereits, dass fast jedes Obst crumblefähig ist. Ich habe schon Äpfel, Zwetschgen, Pfirsiche, Rhabarber, Feigen gecrumbelt, man kann sagen, es gäbe diese Kolumne nicht, gäbe es keine Crumbles. Aber dass man auch aus Gemüse einen Crumble machen kann, das war mir neu. In einem französischen Kochbuch stieß ich auf diese Tatsache, nämlich auf ein Rezept für einen Kürbis-Crumble. Ich habe weitere Recherchen angestellt: Man kann Crumble auch mit Pastinaken, Karotten, Sellerie, Kartoffeln zubereiten, ja sogar mit Brokkoli. Was bedeutet diese Neuigkeit für Sie und mich, lieber Leser, liebe Leserin? Ich denke, Sie wissen es schon. Auf dieser Seite wird es natürlich auch noch andere Rezepte geben, aber es wird, darauf müssen Sie sich einstellen, der Winter des Crumbles.

Den Backofen auf 180 °C Umluft vorheizen. Den Kürbis waschen, die Enden abschneiden. Kürbis halbieren und dann (mit Schale) in 1 cm dicke Streifen schneiden. Diese in einer Auflaufform nebeneinanderlegen. Die Knoblauchzehen schälen, zerdrücken und fein hacken, vermengen mit Olivenöl, Ahornsirup, Zimt, Ingwer, Muskat, Salz und Pfeffer.
Die Mischung über dem Kürbis verteilen. Das Ganze 25 Minuten im Ofen backen.
Für den Belag die Butter zerlassen. Die ganzen Nüsse mit dem Messer fein hacken. Die Hälfte mit zerlassener Butter und gemahlenen Mandeln vermengen und auf dem Kürbis verteilen, die restlichen Nüsse darübergeben. Die Auflaufform zurück in den Ofen stellen und den Crumble in weiteren 25 Minuten fertig backen.

HERZHAFT BACKEN

Tomaten, Käse, Zwiebeln – was man sonst noch alles backen kann

EINFACHE ZWIEBELTARTE

Zutaten für 3–4 Personen

Für den Teig:
250 g Mehl, 120 ml Olivenöl, 1 TL Salz

Für den Belag:
4 große milde Zwiebeln, 40 g Butter, Salz, Pfeffer, 100 ml Weißwein,
3 Anchovis-Filets (nach Belieben), 2 Zweige Thymian

Ich nenne diese Zwiebeltarte »einfach«, aber sie verlangt einem doch etwas ab. Man muss nämlich Geduld haben. Die Zwiebeln müssen, bevor sie auf dem Teig im Ofen backen, erst mal eine halbe Stunde lang schonend gedünstet werden. Während die Zwiebeln mit aufreizender Langsamkeit in der Pfanne zergehen, fühlt der Koch sich, als quäle er sich durch eine dieser Meditations-Apps: Herrgott, muss ich jetzt wirklich *nichts* tun? Aber es lohnt sich, durchzuhalten, denn die Transformation ist unglaublich. Eine rohe Zwiebel verbreitet ein beißendes Aroma, treibt einem Tränen in die Augen, sie tut, anders ausgedrückt, alles dafür, nicht gegessen zu werden. Eine geschmolzene Zwiebel dagegen ist wie ein schnurrendes Kätzchen: süß, warm, zart und sehr anschmiegsam. Es beginnt harmlos mit einem Mürbeteig aus Olivenöl.

Mit den Knethaken des Rührgeräts werden Mehl, Öl und Salz vermengt, sodass sich Klümpchen bilden. 90 ml kaltes Wasser werden langsam dazugegeben. Weiterrühren, bis ein Teig entsteht, den man eventuell noch einmal mit den Händen durchknetet. Zwiebeln schälen und in feine Ringe schneiden – man sollte eine milde Sorte wählen, die ist meistens groß und weiß und derzeit auch im gut sortierten Supermarkt erhältlich und natürlich auf dem Wochenmarkt. Butter in einer Pfanne schmelzen. Zwiebeln darin andünsten, salzen und pfeffern, mit Weißwein ablöschen. 20 bis 30 Minuten lang unter Rühren bei schwacher Hitze dünsten. Die Zwiebeln sollen am Ende butterweich sein und keine Farbe annehmen. Wer will, kann gegen Ende der Garzeit noch drei gehackte Anchovis-Filets hinzugeben. Thymian waschen, trocken schütteln, die Blättchen abzupfen und diese zum Schluss hinzufügen. Zwiebelmischung gründlich abkühlen lassen. Den Backofen auf 180 °C vorheizen. In einer Tarteform Backpapier auslegen und darauf den Teig geben. Teig mit den Händen in die Form drücken. Mit einer Gabel den Teig mehrmals einstechen. Zwiebeln darauf gleichmäßig verteilen und die Tarte im heißen Ofen 30 Minuten lang backen.

EINFACHE, KLEINE SPARGELTARTES

Zutaten für 6 Tartes
15 Stangen grüner Spargel, 1 Ei, 250 g Blätterteig (tiefgekühlt oder aus dem Kühlregal), 150 g Ziegenkäse (z. B. Ziegencamembert oder Ziegenfrischkäse), 150 g Frischkäse

Da nun alle zu Hause bleiben müssen, verlagert man die Selbstoptimierungsstrategien nach drinnen. Wer hat schon seine ewige Kruschtel-Schublade aufgeräumt? Wer macht Online-Meditationskurse? Wer führt jetzt endlich mal richtig tolle Gespräche mit dem Partner? Nicht die Leute, die Kinder haben, jedenfalls, denn sie sind mit Bastelnsingenholzeisenbahn beschäftigt beziehungsweise mit Schulstoff, der ihnen selbst zu hoch ist und von dem sie aus eigener Erfahrung wissen, dass er im Leben eigentlich zu nichts nutze ist.

Hier also nicht noch ein Happy-Quarantäne-Rezept wie: Endlich mal Sauerkraut selbst stampfen! Sondern so bescheiden-schlichte Spargeltartes, dass ich mich ein bisschen schäme. Und das Rezept stammt nicht mal von mir selbst, sondern von dem britischen Küchengott Nigel Slater, der sich niemals für seinen Appetit auf einfache, schöne Dinge entschuldigen würde.

Backofen auf 200 °C Ober- und Unterhitze vorheizen. In einem mittelgroßen Topf Wasser zum Kochen bringen. Die Enden des Spargels abschneiden, Stangen in drei etwa gleich große Stücke zerteilen. Spargel in den Topf geben, 2 Minuten lang kochen lassen, dann herausnehmen.

Das Ei verquirlen. Blätterteig in 6 gleich große Quadrate schneiden, die man auf ein mit Backpapier ausgelegtes Blech gibt. Mit einem Messer ringsum einritzen, und zwar 1 cm vom Rand entfernt. Die Randstreifen mit verquirltem Ei bestreichen.

Spargel auf einem Geschirrtuch abtropfen lassen. Ziegenkäse mit einer Gabel zerkrümeln oder zerdrücken (je nach Konsistenz), Frischkäse unterziehen. Masse auf den Teigquadraten verteilen, je ein paar Spargelstücke darauflegen. Dann die Tartes im heißen Ofen in etwa 25 Minuten goldbraun backen (eventuell früher rausnehmen, wenn sich die Ränder zu dunkel färben).

TOMATENTARTE

Zutaten für eine Springform mit 24 cm Ø

Für den Teig:
140 g Mehl, 60 g Dinkelvollkornmehl, 1 Prise Salz, 60 ml Olivenöl

Für den Belag:
550 g Schalotten, Olivenöl, Salz, schwarzer Pfeffer, 1 TL Weißweinessig, 2 Zweige Thymian, 250 g Tomaten

Sehr unrealistisches Szenario: Man isst im Sommer so viele Tomaten, dass man sich im Winter danach nicht sehnt. Ich probiere es trotzdem. Vergangene Woche gab es Tomatencassoulet, diese Woche Tomatentarte. Ist Tomatentarte ein vornehmes Wort für Pizza? Nein, sie ist wirklich vornehm. Sie besteht aus einem mit Olivenöl gekneteten Mürbeteig, und die Tomaten werden auf Schalotten gebettet, die man zuvor in einer Pfanne zum Schmelzen gebracht hat, sodass sie süßlich, fast cremig schmecken.

Für den Teig beide Mehlsorten und das Salz miteinander vermengen. Dann Olivenöl und 80 ml Wasser hinzufügen, alles zu einem Teig kneten. Teig in Frischhaltefolie einwickeln, in den Kühlschrank legen. Für den Belag Schalotten schälen, längs halbieren, in etwa 3 mm dicke Scheiben schneiden, dann in einer großen beschichteten Pfanne in Olivenöl anbraten, Hitze runterschalten, salzen, pfeffern, Essig dazugeben, eventuell ein bisschen Wasser (falls die Schalotten ansetzen). Einen Thymianzweig hineingeben und das Ganze ungefähr 25 Minuten bei geschlossenem Deckel schmoren lassen, bis die Schalotten weich sind und süßlich schmecken.

Den Backofen auf 200 °C Ober- und Unterhitze vorheizen. Tomaten waschen, in Scheiben schneiden, dabei den grünen Strunk entfernen. Den Boden einer Springform mit Backpapier auslegen, die Ränder mit Olivenöl fetten. Teig mit den Fingern darin in Form drücken, einen Rand stehen lassen. Schalotten abschmecken, eventuell noch mal salzen, auf dem Teig verteilen. Dann die Tomaten darauflegen, sodass die Tarte vollständig mit Tomaten bedeckt ist, eventuell nimmt man eine oder zwei mehr. Den restlichen Thymian auf den Tomaten verteilen, noch mal salzen und pfeffern, mit etwas Olivenöl beträufeln. Tarte 35 Minuten im Ofen backen.

FATAYER MIT MANGOLD

Zutaten für ungefähr 1 Blech

Für den Teig:
420 g Mehl, 1 TL Salz, 1 TL Zucker, ¼ Würfel frische Hefe (etwa 10 g), 40 ml Olivenöl

Für die Füllung:
2 EL Pinienkerne, 500 g Mangold, 1 Zwiebel, 1 TL Kreuzkümmelsamen, 2 EL Olivenöl, 250 g Rinderhackfleisch (ersatzweise Lammhackfleisch), 200 g Schafskäse, ½ TL Salz

Ich wollte hier mal ein kompliziertes Rezept anbieten. Etwas, das Sie herausfordert. Eine richtige Challenge, die Sie ein bisschen nervös macht, nicht immer dieses gemütliche Herumkochen. Ermutigung durch Entmutigung! Das mag paradox klingen, aber es ist in vielen Unternehmen ein bewährtes Mittel zur Leistungssteigerung. Also habe ich mich gefragt: Was macht einem Hobbykoch Angst, was bringt ihn durcheinander? Da kam ich auf Hefeteig. Stets ist man schon beim Kneten von der Sorge erfüllt, etwas falsch zu machen, aber erst wenn es zu spät ist, nach dem Backen, wird das Urteil gesprochen. Hier wird außerdem noch ein bisschen mit dem Teig gebastelt. Ich wünsche viel Glück! Ich wollte außerdem, ein banaleres Motiv, etwas mit Mangold kochen, weil meine Gemüsekiste derzeit voll davon ist.

Für den Teig Mehl und Salz mischen. Erst Zucker, dann Hefe in 250 ml lauwarmem Wasser auflösen und verrühren. Der Mehlmischung hinzufügen. Ebenso das Olivenöl zum Teig geben. Gut verrühren. Den Teig ungefähr 4 Minuten kneten, zu einer Kugel formen, dann mit etwas Olivenöl einstreichen und in einer Schüssel mit einem Küchenhandtuch abgedeckt 40 Minuten gehen lassen, bis sich das Volumen verdoppelt hat.

Den Backofen auf 200 °C Umluft vorheizen. Für die Füllung Pinienkerne kurz ohne Fett in der Pfanne anrösten, beiseite stellen. Mangold putzen, Stiele in feine Streifen schneiden und die Blätter grob hacken. Die Zwiebel schälen und fein hacken. Kreuzkümmel im Mörser zerstoßen. In einer Pfanne etwas Olivenöl erhitzen und das Hackfleisch darin anbraten. Zwiebel und Kreuzkümmel hinzufügen. Erst Mangoldstiele zugeben und ungefähr 15 Minuten dünsten, dann die Blätter hinzufügen, alles ungefähr 5 Minuten dünsten. Pfanne vom Herd nehmen, Pinienkerne dazugeben, den Schafskäse dazukrümeln. Die Mischung mit Salz abschmecken. Teig ausrollen und Kreise (Ø 4 bis 5 cm) ausstechen. Fladen füllen und zu Dreiecken zusammenfalten. Die Taschen mit Öl einpinseln, auf ein mit Backpapier belegtes Blech legen und im heißen Ofen 20 Minuten backen.

Für eine Handvoll Kräuter

CAKE MIT KRÄUTERN UND KÄSE

Zutaten für eine Kastenform mit 26 cm Länge
180 g Mehl, 2 TL Backpulver, 3 Eier, 100 ml Milch, 100 ml Olivenöl, 1 EL Pflanzenöl, Salz, Pfeffer, 200 g Feta, 100 g Gruyère, 3 Handvoll frische Kräuter (Schnittlauch, Petersilie, Basilikum), Butter zum Einfetten der Form

Es gibt Kochbücher, die den ehrfürchtigen Leser verunsichern, so edel sind sie. Ist so ein Buch möglicherweise beleidigt, wenn ich etwas daraus nachkoche, weil es ja viel mehr sein will als eine Sammlung von Rezepten? Man sieht darin Fotos von überirdisch schönen Köchinnen, die Salatköpfe herzen; die kochenden Männer (die oft nicht ganz so gut aussehen) erklären wortreich ihre Lebensphilosophie und welchen Jazz sie am liebsten hören. Aber es gibt auch noch die Kellerkinder unter den Kochbüchern: die kleinen, schlecht gelayouteten, mit Farbfehlern gedruckten, die man für 5 Euro in den Wühlkisten findet. Aus einem solchen stammt dieser französische »Cake« mit frischen Kräutern – warum die Franzosen das englische Wort für diese herzhafte Variante eines Rührkuchens nehmen, habe ich leider nicht herausgefunden. Man kann ihn gut zum Aperitif essen oder zum Osterbrunch. Probieren Sie es selbst, backen Sie ihn, und erinnern Sie sich daran, was Sie längst wissen: Schönheit ist schön, aber am Ende auch egal.

Den Backofen auf 180 °C vorheizen. Mehl und Backpulver gründlich vermengen. In einer anderen Schüssel Eier, Milch, Öle, Salz und Pfeffer gut verrühren. Die Mischung zum Mehl geben, mit den Rührbesen des Handrührgeräts verrühren, bis eine glatte Masse entsteht. Feta in Würfel schneiden, Gruyère fein reiben, Kräuter waschen, trocken schütteln, die Blätter abzupfen und diese hacken. Alles unter den Teig heben. Das Ganze in die gebutterte Kastenform geben. Ungefähr 50 Minuten lang backen und vor dem Servieren abkühlen lassen.

WALNUSS-KAROTTEN-BROT

Zutaten für ein Brot
500 g Dinkelvollkornmehl, 1 Päckchen Trockenhefe (7–9 g), 2 TL Salz, 375 ml lauwarmes Wasser, 100 g Karotten, 100 g Walnusskerne

Ich habe die Paleo-Diät ausprobiert, bei der man auf Milchprodukte und Getreide verzichtet. Dafür isst man Fleisch, Nüsse und Gemüse. Ich habe keine Veränderung an mir festgestellt. Ich war müde wie immer, habe weder ab- noch zugenommen. Ich weiß nicht, wie die anderen das machen: Sie hören auf, Milch zu trinken, und fühlen sich wie ein neuer Mensch. Dabei ist es doch wie mit neuen Frisuren: Kurz glaubt man, alles wäre möglich, bis man feststellt, dass man leider immer noch man selbst ist, nur mit Ponyfransen. Eine Veränderung habe ich aber bemerkt. Brot hat plötzlich eine sehr wichtige Rolle in meinem Leben gespielt. Sehnsüchtig stand ich vor den lieblosen Auslagen der U-Bahn-Backshops. Abends vor dem Einschlafen und morgens beim Aufwachen habe ich an Brot gedacht. Bis ich feierlich wie beim Fastenbrechen Mehl, Hefe, Wasser zusammengerührt und dieses Walnussbrot gebacken habe. Ich schnitt es noch warm auf und ließ Butter darauf schmelzen. Es war ein Fest. Immerhin ist dieses Brot übrigens vegan, das Rezept stammt aus dem Buch *Vegan backen* (GU).

Mehl, Hefe und Salz in einer Schüssel mischen. 375 ml lauwarmes Wasser zugießen, alles mit einem Holzlöffelstiel grob verrühren. Teig abgedeckt an einem warmen Ort 3 Stunden gehen lassen. Karotten schälen und fein reiben. Walnusskerne grob hacken. Beides unter den Teig heben. Teig mit etwas Mehl bestreuen, mit bemehlten Händen auf einen bemehlten Bogen Backpapier (30 × 30 cm) geben und zu einem runden Laib formen. Abgedeckt weitere 45 Minuten gehen lassen. 15 Minuten vor dem Backen Ofen auf 220 °C vorheizen. Eine feuerfeste Form mit 100 ml Wasser auf den Boden des Ofens stellen. Eine weitere hitzebeständige Form auf einen Backrost (untere Schiene) stellen. Darin soll das Brot backen, zunächst aber soll die Form vorwärmen. Den rohen Brotlaib auf der Oberseite kreuzweise einschneiden. Mit dem Backpapier in die vorgewärmte Form setzen. 45 bis 50 Minuten backen. Das Brot ist fertig, wenn es sich beim Klopfen hohl anhört.

FLADENBROTE AUS DER PFANNE

Zutaten für 8–10 Personen
20 g frische Hefe, 300 g Mehl (Type 550), ½ TL Salz, 1 EL Olivenöl (plus etwas mehr zum Anbraten)

Plötzlich kam mir die Idee, ich könnte mein Brot selbst backen. Eigentlich Unsinn, denn in Berlin sind Bäckereien inzwischen so exklusiv, dass man nur über Gästeliste hineinkommt. Fühlt sich zumindest so an. Man steht Schlange bis auf die Straße hinaus, um das Sauerteigbrot des, sagen wir, jungen Dänen mal zu probieren, von dem alle reden. Ich bin sicher, dass für mein Brot niemand Schlange stehen wird. Aber ich kann es essen, wenn es noch warm, ja, heiß ist, kann Butter daraufgeben, die sofort schmilzt, etwas Salz, und ich bin glücklich, ganz allein mit meinem Brot.
Wie man auf dem Foto sehen kann, handelt es sich um ein flaches Brot, fast einen Fladen. Man kann aber auch eher bulettenförmige Brötchen daraus backen, sodass man mehr Innen und weniger Kruste hat, was sicher total unprofessionell ist, aber köstlich schmeckt.

Für den Teig Hefe und 200 ml lauwarmes Wasser verrühren. Mehl und Salz in einer Schüssel mischen. Aufgelöste Hefe und das Öl dazugießen und alles mit den Knethaken des Handrührgeräts oder mit einem Teigschaber zu einem Teig verkneten. Mit Mehl bestäuben, abgedeckt 15 bis 30 Minuten gehen lassen. Den Teig kurz durchkneten, dann in 8 bis 10 gleich große Stücke teilen. Ein Teigstück auf der bemehlten Arbeitsfläche mit einem Nudelholz zu einem dünnen runden Fladen ausrollen (oder eben zu einem Brötchen formen).
Eine große Pfanne erhitzen, Olivenöl hineingeben, den Fladen hineinlegen, etwas Öl daraufgeben. Den Fladen wenden, wenn sich die untere Seite leicht braun gefärbt hat. Deckel auf die Pfanne legen, den Fladen noch ein paar Minuten durchziehen lassen. Die restlichen Fladen genauso backen.

KÄSEGEBÄCK (GOUGÈRES)

Zutaten für ein Blech
250 ml Wasser, 100 g Butter, Salz, 150 g Mehl, 4 große Eier,
180 g Käse (Emmentaler, Appenzeller, Bergkäse o. Ä.), Pfeffer

Dieses Rezept für Käsegebäck habe ich im Burgund kennengelernt. Die Dinger werden verspeist, wenn die Sonne langsam untergeht und man mit dem Alkoholtrinken anfangen kann. Die Windbeutelchen sind robuster, als man glaubt. Bei ihrer Herstellung kann man nicht viel falsch machen.

Man heizt den Ofen auf 200 °C Umluft vor. Dann stellt man einen Brandteig her: Man gibt Wasser und Butter in einen Topf, salzt etwas und bringt die Flüssigkeit zum Kochen. Wenn das Wasser sprudelt, Mehl dazuschütten, sofort kräftig umrühren, bis ein glatter Teig entsteht. Das dauert nur wenige Minuten. Den Topf vom Herd nehmen. Eier einzeln aufschlagen und in den Teig rühren. Den Käse reiben oder in etwa ½ cm große Würfel schneiden und unter den Teig heben. Diesen pfeffern. Mit zwei Teelöffeln (oder mithilfe eines Spritzbeutels) aus dem Teig Knödel in der Größe einer Walnuss formen und auf ein mit Backpapier ausgelegtes Blech setzen. Dabei genügend Abstand zwischen den einzelnen Windbeuteln lassen, denn sie gehen auf und verdoppeln ihr Volumen. Windbeutel 25 bis 30 Minuten lang im Ofen backen, dabei aufpassen, dass sie nicht zu braun werden. Danach noch ungefähr 5 Minuten lang bei geöffneter Tür im ausgeschalteten Backofen lassen. Die Gougères serviert man am besten, wenn sie noch ein bisschen warm sind. Hat man sich dafür entschieden, den Käse in Würfel zu schneiden, statt zu reiben, wird man beim Essen auf das stoßen, was ich hier behelfsweise Käseinseln nennen möchte – ein kleines Geschenk Gottes an die Menschen.

CRACKER MIT OLIVENÖL

Zutaten für ungefähr 50 Stück
130 g Mehl, 130 g Dinkelvollkornmehl, reichlich Olivenöl,
1 TL Salz, Salzflocken zum Garnieren

Das ist die Art von Rezepten, die ich persönlich sofort überblättere: Zu viel Gebastel, und kann man so etwas nicht viel besser kaufen? Wofür sonst gibt es diese überteuerten Feinkostläden? Ich sehe es schon vor mir: Mit wirrem Haar und Mehl im Gesicht kämpfe ich mit diesem Teig, der reißt und kleben bleibt und sich niemals ausrollen lassen wird. Aber ich sage Ihnen: Es wäre ein Fehler, sich nicht darauf einzulassen. Diese Cracker zu backen, ist eine Zen-Tätigkeit, ich kann es nicht anders sagen. Es kann gar nichts schiefgehen, und nach kurzer Zeit duftet die Küche, und Sie blicken so stolz auf das Blech mit den goldgelben Keksen wie auf Ihr Erstgeborenes.

In einer Schüssel mit der Hand beide Mehlsorten, 120 ml Wasser, 1 EL Olivenöl und Salz zu einem Teig vermengen. Eventuell muss man noch 1 TL Wasser dazugeben. Mit den Knethaken des Handrührgeräts die Masse sehr gut kneten, ungefähr 7 Minuten lang (nicht schummeln). Der Teig sollte eine fast elastische Konsistenz haben. Wenn er zu klebrig erscheint, kann man 1 TL Mehl unterkneten. Die Schüssel mit Klarsichtfolie bedecken, 1 Stunde lang bei Zimmertemperatur ruhen lassen. Backofen auf 180 °C Umluft vorheizen. Auf einem Blech Backpapier auslegen. Teig in vier Teile teilen. Den ersten Teil auf einer leicht bemehlten Arbeitsfläche mit einem ebenso bemehlten Nudelholz sehr dünn ausrollen (ungefähr 2 mm dick). An dieser Stelle staunt man, warum der Teig so reißfest ist – ich weiß es nicht, akzeptieren wir das Wunder einfach. Mit einem scharfen Messer Teig in Rechtecke schneiden, zum Beispiel 2 cm breit und 15 cm lang, oder man schneidet kleinere Quadrate. Auf das Backblech legen, großzügig auf beiden Seiten mit Olivenöl bepinseln. Die Oberseite mit Meersalzflocken bestreuen (vielleicht zusätzlich mit schwarzem Pfeffer, Oregano, was einem so einfällt). Cracker im heißen Ofen 10 bis 12 Minuten lang backen, bis sie etwas Farbe angenommen haben. Herausnehmen und komplett abkühlen lassen. Mit den anderen drei Teigteilen ebenso verfahren. Man kann die Cracker ein paar Tage lang aufbewahren und kurz vor dem Servieren noch mal 5 Minuten lang im Ofen erhitzen.

ÜBER DIE AUTORIN

Elisabeth Raether, geboren 1979, studierte in Berlin und Paris, arbeitete in einem Buchverlag und ist Co-Autorin des Buchs *Neue deutsche Mädchen* (2008). Für das *ZEITmagazin* entwickelte sie die kulinarischen Kolumnen »Wochenmarkt« und »Die trinkende Frau«, die ebenso erfolgreich als Sammelbände erschienen sind. Elisabeth Raether wechselte 2016 ins Politikressort der *ZEIT* und lebt in Berlin.

REGISTER

T

V

Z

Puder
Zucker

Bibliografische Information der Deutschen Nationalbibliothek
Die Deutsche Nationalbibliothek verzeichnet diese Publikation in der Deutschen Nationalbibliografie. Detaillierte bibliografische Daten sind im Internet über http://dnb.de abrufbar.

Für Fragen und Anregungen
info@rivaverlag.de

Wichtiger Hinweis
Ausschließlich zum Zweck der besseren Lesbarkeit wurde auf eine genderspezifische Schreibweise sowie eine Mehrfachbezeichnung verzichtet. Alle personenbezogenen Bezeichnungen sind somit geschlechtsneutral zu verstehen.

Originalausgabe
1. Auflage 2022

Türkenstraße 89
80799 München
Tel.: 089 651285-0
Fax: 089 652096

Herausgeber: Zeitverlag Gerd Bucerius GmbH & Co. KG
Redaktion: Cora Wetzstein
Umschlaggestaltung: Isabella Dorsch
Umschlagabbildungen und Abbildungen im Innenteil: Silvio Knezevic
Layout und Satz: Müjde Puzziferri, MP Medien, München
Druck: Firmengruppe APPL, aprinta Druck, Wemding
Printed in Germany

ISBN Print 978-3-7423-2141-1
ISBN E-Book (PDF) 978-3-7453-1918-7
ISBN E-Book (EPUB, Mobi) 978-3-7453-1919-4

Wir produzieren nachhaltig
www.m-vg.de

Weitere Informationen zum Verlag finden Sie unter
www.rivaverlag.de
Beachten Sie auch unsere weiteren Verlage unter www.m-vg.de